Die Vorgeschichte

Giovanni Carrada

Die Vorgeschichte

Aus dem Italienischen von Helgard Tortora

Illustrationen von Luisa Della Porta,
Inklink Firenze, Alessandro Menchi, Sergio, Studio Caba

DoGi

Stadtbibliothek
Paderborn

Der Taschenbuchverlag
für Kinder und Jugendliche
von Bertelsmann

Band 20750

Umwelthinweis:
Dieses Buch wurde auf chlorfrei gebleichtem
Papier gedruckt.

**Erstmals als OMNIBUS-Taschenbuch
Dezember 2000
Alle Rechte dieser Ausgabe
vorbehalten durch
© C. Bertelsmann Jugendbuch Verlag,
München
in der Verlagsgruppe Bertelsmann GmbH
Titel der Originalausgabe:**
»La Preistoria dell 'Uomo«
© 2000 DoGi spa, Florenz
Übersetzung aus dem Italienischen:
Heli Tortora, München
Redaktion:
Dr. Markus Schreiber, München
Satz/Umbruch:
Veit Rost DTP & Typographie, Ingolstadt
Gesamtkoordination der deutschen Ausgabe:
InterConcept Medienagentur, München
Umschlagkonzeption: Klaus Renner
Umschlaggestaltung:
Atelier Langenfass, Ismaning
**ISBN 3-570-20750-1
Printed in Italy**

10 9 8 7 6 5 4 3 2 1

Inhalt

- 6   Der Weg der Menschheit
- 30   Die Eroberung der Welt
- 42   Jäger und Sammler
- 58   Der Mensch äußert sich
- 72   Die landwirtschaftliche Revolution
- 90   Die Jungsteinzeit
- 108   Das Ende der Vorgeschichte
- 122   *Register*

Der Weg der Menschheit

Wenn wir im Familienalbum der Gattung Mensch blättern, dann machen wir die Entdeckung, dass wir von afrikanischen Affen abstammen. Zugleich verstehen wir, warum wir Menschen geworden sind, die einzige Gattung unter den Lebewesen, die ihre Ursprünge kennen lernen will.

Von der Schöpfung zur Evolution

Im Jahr 1871 hatte der englische Wissenschaftler Charles Darwin mit seiner Evolutionstheorie bereits Berühmtheit erlangt. Nach dieser Theorie wurden Lebewesen und Pflanzen nicht so von Gott geschaffen, wie sie uns heute erscheinen, sondern sie haben sich im Laufe langer Erdzeitalter aus einfachen Formen entwickelt. In jenem Jahr entfesselte Darwin einen wahren Sturm der Entrüstung, als er behauptete, der Mensch sei in dieser Entwicklung keine Ausnahme. Der Homo sapiens, so schrieb Darwin in seinem Werk *Die Abstammung des Menschen*, ist ein Lebewesen wie alle anderen, genauer gesagt ein Säugetier, ein Primat, wahrscheinlich ein enger Verwandter der großen afrikanischen Affen wie des Gorillas oder des Schimpansen. Tatsächlich ist die Idee, dass wir in der Natur keinen besonderen Platz einnehmen, etwas befremdend. Sind wir denn nicht

Vettern der Affen
Darwin erntete mit seiner Hypothese heftigste Kritik und machte sich zur Zielscheibe der Karikaturisten seiner Zeit.

Gibbon

Orang-Utan

die einzigen Lebewesen, die sprechen und über sich nachdenken können, die Kunst und Literatur schaffen und so komplizierte Technologien entwickeln, dass sie damit sogar auf den Mond fliegen können?

Sollte uns die Ähnlichkeit in der körperlichen Struktur nicht überzeugen, dann lässt eine Analyse der DNS, des Moleküls, das die genetische Erbinformation eines jeden lebenden Organismus enthält, keinen Zweifel mehr: 98,4 Prozent unserer DNS sind mit der der Schimpansen identisch. Von diesem Prozentsatz ausgehend, folgern die Wissenschaftler heute, dass unser frühester »menschlicher« Vorfahr vor neun bis sieben Millionen Jahren lebte. Bis heute wurden die Spuren »des fehlenden Gliedes«, dieses so genannten Missing link, zwischen der Familie der Hominiden, zu der wir gehören, und den übrigen Lebewesen nicht entdeckt.

Mensch

Schimpanse

Gorilla

VERWANDTSCHAFTS-GRADE

Dieses Schema stellt den auf der Grundlage genetischer Daten erstellten Stammbaum der höheren Primaten dar, die auf der zoologischen Skala die am höchsten entwickelten Lebewesen bilden. Neben dem Verwandtschaftsverhältnis kann man auch den Prozentsatz an unterschiedlicher DNS bei den verschiedenen Arten feststellen (rechte Skala) und den Zeitpunkt der Trennung der Evolutionslinien, der in Millionen Jahren angegeben ist (linke Skala).

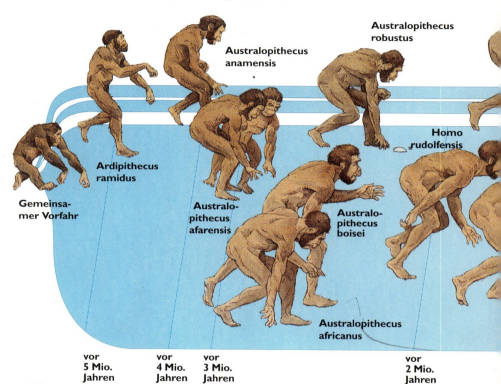

DIE FAMILIE DES MENSCHEN
Die schrägen Linien geben die Zeiträume an,
in denen die verschiedenen Arten der Hominiden
gelebt haben, wie man sie auf Grund der bis
heute gemachten Funde rekonstruieren konnte.

Im Laufe des 20. Jahrhunderts jedoch haben die Paläanthropologen, also die Wissenschaftler, die unsere Herkunft erforschen, die urzeitlichen Reste zahlreicher ausgestorbener Arten von Hominiden gefunden und anhand dieser Überreste versuchen sie nun herauszufinden, wo, wann, wie und vor allem warum unsere affenartigen Vorfahren sich zu Männern und Frauen entwickelten.

Das Familienalbum

Ein Blick auf den Stammbaum der Hominiden genügt um festzustellen, dass unsere Evolution keineswegs wie ein Triumphmarsch zu immer intelligenteren und uns immer ähnlicheren Arten geführt hat. Unser Stammbaum gleicht vielmehr einem Busch, dessen Zweige die »Experimente« der Evolution darstellen, also die Gattungen, die mehr oder weniger erfolgreich wa-

DIE ABSTAMMUNG
Die Verwandtschaftsverhältnisse zwischen den einzelnen Arten sind nicht angegeben, da sie wegen der nur spärlich vorhandenen Funde von den Wissenschaftlern noch nicht definiert werden konnten.

ren und eine gewisse Zeit lebten, ehe sie ausstarben. Von all diesen Zweigen hat nur einer bis heute überlebt, der Zweig, aus dem die Spezies Mensch entstanden ist.
Es ist nicht leicht herauszufinden, welcher dieser bis heute entdeckten, rund 15 verschwundenen Hominiden unser direkter Vorfahr gewesen ist. Die Arbeit der Paläanthropologen gleicht dem Versuch, mit Hilfe vieler Einzelbilder die Handlung eines ganzen Films wiederherzustellen, ohne ihn jedoch abzuspulen. Doch in groben Zügen ist die Handlung inzwischen klar. Vor ungefähr fünf Millionen Jahren existierte in Ostafrika ein den Schimpansen sehr ähnlicher Primat, der bereits über die typische Eigenschaft der gesamten Hominidenfamilie verfügte: Er ging auf zwei Beinen. Aus dieser ältesten Epoche kennen wir nur eine Art, den Ardipithecus ramidus.

Vor 3,6 Millionen Jahren erschien dann eine neue Gattung von Hominiden, der Australopithecus, der sich in verschiedenen Arten bis nach Südafrika ausbreitete. Aus einer dieser Arten entstand vor ungefähr 2,5 Millionen Jahren die Gattung Homo.

Von ihrem ersten Vertreter, dem Homo habilis, wissen wir nur, dass er als einer der Ersten primitive Werkzeuge fertigte. Sein Nachfolger, der Homo erectus, lebte vor 1,6 Millionen bis 500 000 Jahren, er war wahrscheinlich der erste Jäger und sicher der erste Hominide, der sich auch in Europa und Asien ausbreitete. Die Größe des Gehirns nahm langsam zu, bessere Steinwerkzeuge entstanden, das Feuer wurde entdeckt. Dann schlug vor etwa 500 000 Jahren eine Gruppe des Homo erectus einen anderen Weg ein, der zur Entwicklung des Homo sapiens führte. Die große Bedeutung dieser Geschichte liegt in den Details.

Die »Affenmenschen«

Unsere ersten einigermaßen bekannten Vorfahren, die Australopithecinen, unterschieden sich nicht wesentlich von den Schimpansen. Sie hatten jedoch bereits einen wichtigen Schritt vollzogen: Sie gingen auf ihren Hinterbeinen aufrecht und stützten sich beim Gehen nicht mehr wie die Schimpansen mit den Fingerknöcheln auf. Wir wissen das aus den Skelettfunden. Die Öffnung an der Schädelbasis verschob sich nach vorne und bildete eine Linie mit der Wirbelsäule, welche dadurch eine tragende Funktion übernahm. Das Becken wurde breiter und bot somit mehr Fläche für den Anschluss der Beinmuskeln. Der große Zeh verlor seine Beweglichkeit und Greiffähigkeit, während die Hände diese Eigenschaften

DAS RIFT VALLEY
Vor etwa zehn Millionen Jahren öffnete sich in Afrika unter heftigen Vulkanau[s]brüchen ein tiefer tektonischer Graben, der den Ostteil vom restlichen Kontinent tren[nte]. Dieser Graben verursachte eine Veränderun[g] der Winde und einen dramatischen Rückgang der Niederschläge. Als Folge musste[...] Wald der Savanne weichen.

Der Wald
In den Tropen sorgen häufige und über das ganze Jahr verteilte Niederschläge für ein üppiges Wachstum der Wälder.

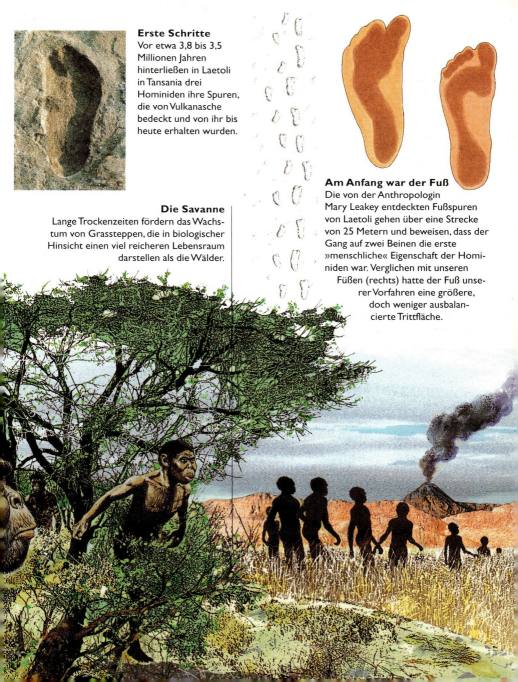

Erste Schritte
Vor etwa 3,8 bis 3,5 Millionen Jahren hinterließen in Laetoli in Tansania drei Hominiden ihre Spuren, die von Vulkanasche bedeckt und von ihr bis heute erhalten wurden.

Am Anfang war der Fuß
Die von der Anthropologin Mary Leakey entdeckten Fußspuren von Laetoli gehen über eine Strecke von 25 Metern und beweisen, dass der Gang auf zwei Beinen die erste »menschliche« Eigenschaft der Hominiden war. Verglichen mit unseren Füßen (rechts) hatte der Fuß unserer Vorfahren eine größere, doch weniger ausbalancierte Trittfläche.

Die Savanne
Lange Trockenzeiten fördern das Wachstum von Grassteppen, die in biologischer Hinsicht einen viel reicheren Lebensraum darstellen als die Wälder.

EIN LEBEN ALS RESTEVERWERTER

Wenn in der Savanne ein Raubtier eine Beute gerissen hat, dann stellen sich bald auch andere Lebewesen ein, die alles fressen, was der Jäger übrig gelassen hat. Zu diesen Resteverwertern gehören Hyänen, Schakale, Raubvögel und einst auch der Australopithecus.

Australopithecus afarensis

Überfluss und Mangel

Der Wechsel von Regen- und Trockenzeiten veranlasste einige Hominiden, deren Vorfahren vorherrschend Vegetarier gewesen waren, auch Fleisch zu essen, das durch seinen Fettgehalt besonders nahrhaft ist. Oft musste sich der Australopithecus die Nahrung mit Geiern teilen.

Die Kraft des Knochenmarks

Untersuchungen von Tierfunden haben gezeigt, dass der Australopithecus oft die Knochen von Beutetieren spaltete, um das fett- und proteinreiche Knochenmark auszusaugen. Für die anderen Tiere war es unerreichbar.

Australopithecus africanus

Australopithecus robustus

Australopithecus boisei

»grazile« und »robuste« Australopithecinen
Die Schädel zeigen deutlich die unterschiedliche Konstitution der zwei Typen des Australopithecus, des »grazilen« Fleischfressers (die zwei Schädel links) und des »robusten« Vegetariers (die zwei Schädel rechts).

bewahrten. Die Hände, die nun frei waren, konnten Gegenstände tragen und Werkzeuge benützen, was den Hominiden völlig neue Möglichkeiten eröffnete.

Die Umwelt des Australopithecus unterschied sich wesentlich von den Wäldern, in denen alle Primaten bis dahin gelebt hatten. Als Folge einer globalen Klimaveränderung waren die feuchten Tropenwälder im östlichen und südlichen Afrika den offenen, baumbestandenen Savannen gewichen, in denen sich kurze Regenzeiten mit langen Trockenperioden abwechselten.

Statt der Früchte, die bei den Primaten einen großen Teil der Ernährung bildeten, bot sich nun dem Australopithecus der Reichtum einer Natur dar, die den unendlichen Herden von Grasfressern wie Antilopen, Giraffen und Zebras Nahrung liefern konnte, die aber auch Gefahren barg durch Raubtiere wie Löwen, Hyänen und Leoparden. Wie konnte der verhältnismäßig kleine und langsame Australopithecus in der Savanne überleben, wo er doch weder Krallen noch Stoßzähne hatte? Es gab zwei Möglichkeiten: entweder Pflanzen oder Fleisch essen.

Paradoxerweise waren es die so genannten grazilen Arten wie der Australopithecus africanus, welche sich für die Fleischnahrung entschieden. Unfähig, selbst Antilopen oder Gazellen zu jagen, verhielt sich der Africanus wie die Schakale, Geier und andere kleine Tiere: Er wartete, bis ein Löwe oder Gepard eine große Beute gejagt, die kräftige, lederne Haut aufgerissen und seinen Teil verschlungen hatte, um erst dann zuzugreifen, wenn das Raubtier abgezogen war. Die Beute gegen andere

DER ERSTE »MENSCH«
In Olduvai in Tansania fand man 1964 die ersten Überreste des Homo habilis, dessen Bezeichnung besagt, dass er in der Lage war, Werkzeuge herzustellen. Auch in Kenia und Äthiopien wurden Funde gemacht, die ungefähr 1,5 – 2,5 Millionen Jahre alt sind.

Neue Möglichkeiten
Der Einsatz von Steinwerkzeugen erleichterte den Arten der Gattung Homo das Zerlegen von Tieren und eröffnete ihnen den Zugang zu Nahrungsmitteln, die zuvor unerreichbar waren.

Tiere zu verteidigen, dürfte nicht leicht gewesen sein, vielleicht benützte der Africanus dafür bereits einen Stock. Eine der wenigen Möglichkeiten, den Raubtieren zu entkommen, bestand darin, auf einen Baum zu flüchten. Da man die Zähne des Africanus untersucht hat, wissen wir, dass er auch weiterhin Pflanzen aß, kleine Früchte, Blätter und vor allem Samen.

Zahlreiche Samen bildeten die Hauptnahrung der so genannten robusten Australopithecinen, etwa des Australopithecus robustus oder des Australopithecus bosei, deren beeindruckende Kauwerkzeuge, einschließlich der Zähne, in der Lage waren, auch härteste Schalen zu knacken. Diese Hominiden verfügten über eine kräftige Körperstruktur und konnten sich viel besser gegen Raubtiere verteidigen. Aus die-

Der »Chopper«
In den vom Homo habilis besiedelten Gebieten wurden Tausende von »Chopper« gefunden, deren scharfe Kanten dazu dienten, Tierhäute zu schneiden, Knochen zu öffnen oder Holz zu bearbeiten.

Die Herstellung
Mit einem Kiesel kräftig gegen einen anderen zu schlagen, ist die einfachste Art, eine Klinge her zustellen, die jedoch auf die gleiche Weise wieder stumpf werden kann.

sem Grund überlebten sie auch eine lange Zeit, bis vor ungefähr 700 000 Jahren. Doch keine dieser Arten war der Ursprung der Evolutionslinie, die direkt zu uns führt.

Die Gattung Homo
Einer Gruppe des Africanus entstammte vor ungefähr 2,5 Millionen Jahren der erste Vorfahr von uns heutigen Menschen, der endlich mehr Ähnlichkeit mit uns als mit den Schimpansen hatte: Es war der Homo habilis. Von der Größe her noch dem Australopithecus ähnlich, gleichen seine Zähne den unseren, sein Schädel wies keine Wülste mehr auf, aber vor allem war sein Gehirn größer. Doch nicht nur das. Der Habilis war der erste Hominide, von dem man mit Sicherheit weiß, dass er Werkzeuge aus Stein herstellte.

Es waren vor allem Basaltkiesel, die an einer Seite abgeschlagen wurden und deren Rand somit scharf war. Die Paläanthropologen nennen sie »Chopper«.

Es handelte sich dabei noch um sehr einfache Werkzeuge. Doch konnte man mit ihnen bereits die Haut der großen Tiere aufschlitzen und so an deren Fleisch kommen oder man spaltete die Knochen, um das Knochenmark herauszuholen, ohne dass man warten musste, bis ein anderes Tier mit scharfen Zähnen diese Arbeit erledigte. Auch konnten mit dem »Chopper« kleine Tiere getötet werden.

Der Homo erectus

Die Entwicklung eines großen Gehirns und die Herstellung von Geräten zur Fleischbeschaffung waren zwei eng miteinander verbundene Ereignisse. Nur eine kalorienreiche Ernährung auf der Grundlage von

DER ERSTE »REISENDE«
Die weite Verbreitung des aus Afrika kommenden Homo erectus im Europa und China der Eiszeit sowie in Indien und Südostasien zeugt davon, wie anpassungsfähig an unterschiedliche Nahrungsmittel und klimatische Verhältnisse diese Spezies war.

WARUM »ERECTUS«?
Obwohl der Homo erectus nicht der erste aufrecht auf zwei Beinen gehende Hominide war, wurde ihm aus historischen Gründen diese Bezeichnung verliehen: Der holländische Arzt Eugène Dubois fand 1891 in Java Überreste dieser Spezies, die er Pitecanthropus erectus nannte. Es waren die ersten Zeugnisse von Hominiden.

Der Faustkeil
Der Gebrauch des Faustkeils, des charakteristischsten Werkzeugs des Erectus, ist nicht ganz geklärt. Er war vielleicht eine Art Handbeil ohne Griff oder eine Wurfwaffe. Seine Herstellung war schwierig, er war weniger spitz als ein Splitter und weniger zum Zertrümmern geeignet als ein »Chopper«.

Das Feuer
Die ältesten bekannten Feuerstellen, die bei Peking gefunden wurden, sind etwa 400 000 Jahre alt. Seitdem diente das Feuer dazu, Fleisch zuzubereiten, Steine zu bearbeiten und vor Kälte und wilden Tieren zu schützen.

Fleisch kann ein großes Gehirn ausreichend versorgen, das Organ, das die meiste Energie verbraucht. Man bedenke, dass unser Gehirn nur zwei Prozent unseres Körpergewichts ausmacht, jedoch fast 20 Prozent der Energie verbraucht. Häufig folgt in der Evolution auf eine Anpassung eine Perfektionierung. So verlangt die Fertigung von Werkzeugen eine ausgezeichnete Kontrolle über die Hände, was wiederum ein besser ausgebildetes Gehirn erfordert. Da die neuen Geräte eine bessere Ernährung ermöglichen, kann sich auch das Gehirn weiterentwickeln, wodurch wiederum bessere Geräte hergestellt werden können usw. Vor ungefähr 1,6 Millionen Jahren tauchte in Ostafrika ein neuer Hominide auf: der Homo erectus. Er war fast so groß wie wir und sein Gehirn war bedeutend größer als das des Homo habilis. Seine anatomischen Merkmale waren große Knochenwülste über den Augen und eine flache und längliche Schädeldecke. Vielleicht verfügte er bereits über einfachste sprachliche Ausdrucksmöglichkeiten. Die Funde in seinen Lagern beweisen auch, dass er bereits besser entwickelte Steingeräte herstellte und der erste echte Jäger war, dass er den Gebrauch des Feuers kannte und ein intensives soziales Leben hatte.

Der Homo erectus erwies sich als eine sehr erfolgreiche Spezies. Er überlebte nicht nur über einen sehr langen Zeitraum – bis vor 500 000 Jahren –, er war auch der erste Hominide, der sich von Afrika nach Europa und in einem Teil Asiens ausbreitete und selbst bis zu den fernsten Inseln Indonesiens gelangte, wo eine kleine Population des Erectus vermutlich bis vor 100 000 Jahren überlebte.

DIE GROSSE KÄLTE

Das Gebiet, in dem sich der Neandertaler entwickelte und bis zu seinem Aussterben lebte, unterschied sich wesentlich von den Regionen der anderen Hominiden: Es war das Europa der Eiszeit, ein kaltes, aber von vielen Tieren bevölkertes Gebiet.

Auf der Jagd

Zu Zeiten des Neandertalers unterschied sich die europäische Tierwelt wesentlich von der heutigen. Es gab große Herden von Rentieren, Pferden und Bisons sowie wahrhaft riesige Tiere wie Mammuts und Wollnashörner.

Schädelformen im Vergleich

Verglichen mit unserem Schädel (gestrichelt) war der Schädel des Neandertalers länglicher und mehr breit als hoch. Sein Gesichtsprofil (links) war gekennzeichnet durch eine Art knöchernes Visier und durch das Vorspringen von Nase und Mittelgesicht.

EINE LANGSAME ENTWICKLUNG

Die Geschichte der Hominiden ist im Wesentlichen von Spezies zu Spezies durch eine ständige Zunahme des Gehirnumfangs gekennzeichnet, dem jedoch nicht immer – zumindest den aufgefundenen Werkzeugen nach zu urteilen – eine Zunahme an Intelligenz entsprach.

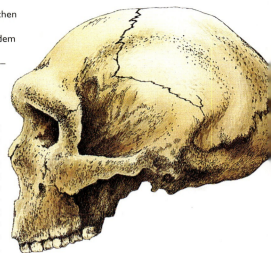

Der »Ursapiens«

Vor ungefähr 500 000 Jahren begannen einige Vertreter des Homo erectus Merkmale zu zeigen, die für den Homo sapiens typisch werden sollten. Deshalb nennt man diese Hominiden den »Ursapiens«. Bei dem hier abgebildeten, in Petralona in Griechenland gefundenen Schädel ist der dicke Augenbrauenwulst kennzeichnend für den Erectus, während sich das Gehirnvolumen von etwa 1230 Kubikzentimetern bereits dem Wert des Sapiens nähert.

Der moderne Sapiens

Die ersten Schädel, die den heutigen Schädelformen ähnelten, erschienen vor ungefähr 100 000 Jahren in Afrika. Bei dem Schädel eines Mannes des Cro-Magnon-Typus, einer der ersten modernen Bewohner Europas, bemerkt man die hohe Wölbung, die seitlichen Ausbuchtungen der Schädeldecke und das kräftig ausgebildete Kinn, Merkmale, die auch unsere Spezies kennzeichnen.

Die Entwicklung des Gehirns

Die Zunahme des Gehirnvolumens, wie man sie dem abgebildeten Schema entnehmen kann, erfolgte wohl vor allem zum Schutz vor der Hitze, gegen welche die Gehirnzellen äußerst empfindlich sind. In der Tat ist der Mensch unter allen Lebewesen das einzige, das auch unter der tropischen Sonne zu großen körperlichen Anstrengungen fähig ist. Dazu dienen ihm auch die geringere Behaarung und die vermehrten Schweißdrüsen. Nur der Homo sapiens hätte sich allerdings dann auch die intellektuellen Möglichkeiten zu Nutze gemacht, die ein so großes Gehirn bietet.

Australopithecus africanus
440 Kubikzentimeter

Homo habilis
630 Kubikzentimeter

Homo erectus
900 Kubikzentimeter

Homo neanderthalensis
1500 Kubikzentimeter

Moderner Homo sapiens
1450 Kubikzentimeter

Der Neandertaler

Während die Epoche des Homo erectus vor ungefähr 300 000 Jahren zu Ende ging, erschien im Laufe der letzten Eiszeit in Europa und im Nahen Osten ein weiterer Hominide, der Neandertaler. Seine Herkunft ist umstritten und verschmilzt mit der letzten Phase des Erectus und der ersten des Homo sapiens. Seine mittelgroße und ausgesprochen kräftige Körperstatur zeugt von einer typischen Anpassung an das kalte Klima. Seine besonders starken Hände und Arme sagen uns, dass er ein Jäger war und vor allem große Tiere wie Mammut, Bison und Wollnashorn jagte. Der Neandertaler hatte sogar ein größeres Gehirn als unser heutiges und in ihm können wir zum ersten Mal nicht nur anatomische, sondern auch manch »geistige« Übereinstimmung mit unserer Spezies feststellen.

Im Gegensatz zu dem Bild eines brutalen »Höhlenmenschen«, das frühere Wissenschaftler geliefert haben, war der Neandertaler mit einer fast »menschlichen« Sensibilität ausgestattet. Auch wenn manche Wissenschaftler diese Interpretation nicht teilen, so weiß man doch, dass die Neandertaler ihre Toten beerdigten. Auf einigen Knochen wurden Spuren von Ocker gefunden, vielleicht Anzeichen für einen Hautschmuck. In einer Grabstätte im Sagros-Gebirge, im nördlichen Irak, wurden auf einem Skelett große Mengen Blütenpollen gefunden, vermutlich Reste eines Blumenschmucks für den Verstorbenen. Sicher ist, dass sich der Neandertaler um Alte und Kranke kümmerte. Spuren an Skeletten deuten darauf hin, dass der Verstorbene noch lange nach einer Krankheit oder nach Knochenbrüchen lebte. Dies war ohne die

Hilfe Jüngerer aus der Gruppe nicht möglich. Vor ungefähr 35 000 Jahren starb der Neandertaler aus. Der Grund dafür war sicher das Erscheinen eines anderen Hominiden, der sich in Afrika entwickelt hatte.

Das Abenteuer des Homo sapiens

Der Neuankömmling unterschied sich von seinen Vorfahren durch einen schlankeren Körperbau, doch vor allem durch die hohe und runde Form seines Schädels, der sich vom flachen und länglichen Schädel des Neandertalers deutlich unterschied. Er hatte keine Augenbrauenwülste und sein Kinn war gut entwickelt. Wir können ihn uns am besten vorstellen, wenn wir in den Spiegel blicken: Der Homo sapiens, der »intelligente« Mensch, war erschienen.

Seine Herkunft liegt im Dunkeln. Wahrscheinlich entwickelte er sich aus dem Homo erectus, der im Laufe der letzten 400 000 Jahre seiner sehr langen Entwicklung (ungefähr 75 000 Generationen!) bedeutende Fortschritte gemacht hatte. Der Erectus hatte gelernt, Feuer zu entfachen und es zu nutzen, er hatte neue Methoden der Steinbearbeitung erfunden, er hatte sich in den unterschiedlichsten Gebieten wie Wäldern, Savannen und Tundren niedergelassen. Es ist noch umstritten, wann, wo und wie sich der Sapiens von seinen Vorfahren zu unterscheiden begann. Nach Meinung der meisten Wissenschaftler hat er sich in Afrika aus einer isolierten Population des Erectus entwickelt.

Gestützt wird diese Hypothese durch die Untersuchung der DNS, die in unseren Mitochondrien, den Energieproduzenten für die Zellen, enthalten ist. Danach stammt die gesamte heutige Menschheit von einer

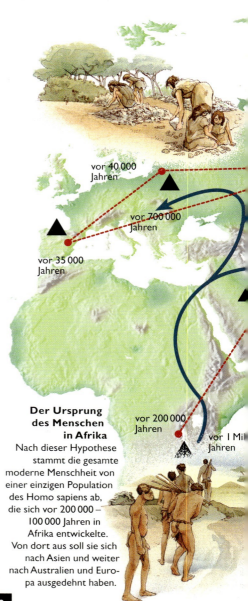

Der Ursprung des Menschen in Afrika
Nach dieser Hypothese stammt die gesamte moderne Menschheit von einer einzigen Population des Homo sapiens ab, die sich vor 200 000 – 100 000 Jahren in Afrika entwickelte. Von dort aus soll sie sich nach Asien und weiter nach Australien und Europa ausgedehnt haben.

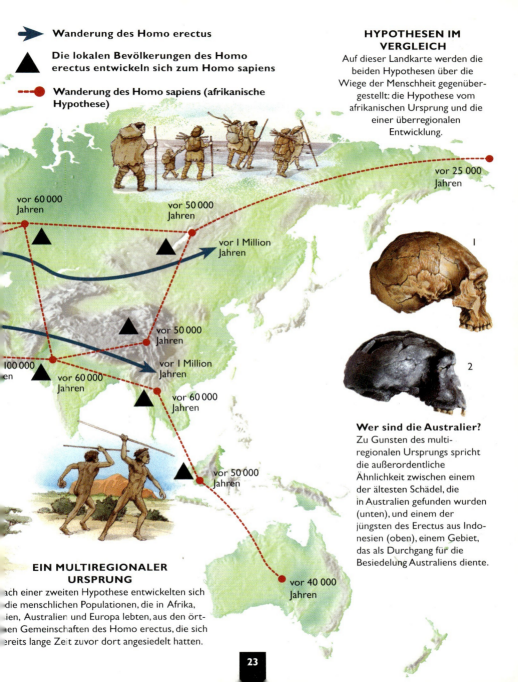

vor 200 000 bis 100 000 Jahren lebenden Bevölkerung ab. Mit der Zeit verbreitete sich der Homo sapiens in allen Teilen der Alten Welt und ersetzte den Homo erectus.

Vielleicht entwickelten sich die Dinge aber auch anders

Der Übergang vom Erectus zum Sapiens geschah aber möglicherweise auch gleichzeitig in allen bewohnten Gebieten. Das würde bedeuten, dass der Erectus nicht durch den Sapiens »besiegt« wurde, sondern sich zum Sapiens entwickelte und somit der Ursprung der heutigen vielfältigen Menschentypen ist. Die Verfechter dieser zweiten Hypothese geben zu bedenken, dass zahlreiche Schädel des Erectus, die 500 000 Jahre alt sind, moderne Merkmale aufweisen, sodass sie häufig als dem »Ursapiens« zugehörig eingestuft werden können. Doch nicht nur das. Die Steinwerkzeuge des frühen Sapiens, die älter als 40 000 Jahre sind, scheinen nicht besser als die des Erectus oder des Neandertalers. Zum herkömmlichen Handbeil kommen nur einfache Spitzen oder Kratzer hinzu.

Das letztere Datum hat eine besondere Bedeutung. Zuvor war der »kulturelle« Fortschritt der verschiedenen Hominidenarten, einschließlich des Sapiens, äußerst langsam vor sich gegangen. Kleine Neuerungen in der Herstellung der Geräte lagen Hunderttausende von Jahren auseinander. In Südafrika und Indonesien stellte man fast gleiche Werkzeuge her. Das Gehirn, das um einiges größer war als das der Vorfahren, schien nicht besonders für Erfindungen zu taugen. Doch dann geschieht etwas, was die Entwicklung ungeheuer beschleunigt. Dieses »Etwas« war die Verbesserung und

DIE GEHEIMWAFFE
Der große Erfolg des Homo sapiens beruhte vermutlich auf der mündlichen Ausdrucksmöglichkeit, der Sprache, mit der bis zu 25 Laute pro Sekunde mitgeteilt werden können und welche die wirksamste Form der Informationsübertragung in der belebten Welt ist.

Die kulturelle Entwicklung
Die Fortschritte, die von Arten wie den ersten Hominiden erzielt wurden, konnten nur durch die biologische Entwicklung zu Stande kommen. Sie beruht auf genetischen Veränderungen und geht nur äußerst langsam vor sich. Das Erscheinen einer gesprochenen Sprache dagegen bedeutete, dass jede Erfindung oder Errungenschaft sofort der ganzen Gruppe mitgeteilt werden konnte.

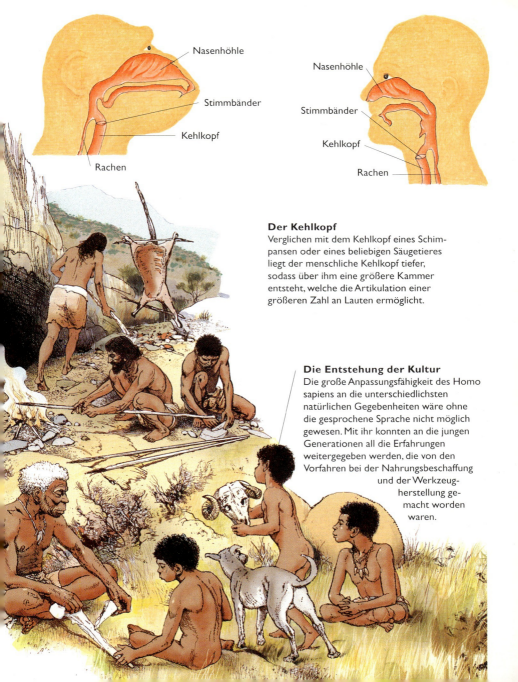

Der Kehlkopf
Verglichen mit dem Kehlkopf eines Schimpansen oder eines beliebigen Säugetieres liegt der menschliche Kehlkopf tiefer, sodass über ihm eine größere Kammer entsteht, welche die Artikulation einer größeren Zahl an Lauten ermöglicht.

Die Entstehung der Kultur
Die große Anpassungsfähigkeit des Homo sapiens an die unterschiedlichsten natürlichen Gegebenheiten wäre ohne die gesprochene Sprache nicht möglich gewesen. Mit ihr konnten an die jungen Generationen all die Erfahrungen weitergegeben werden, die von den Vorfahren bei der Nahrungsbeschaffung und der Werkzeugherstellung gemacht worden waren.

Verfeinerung der sprachlichen Ausdrucksweise, die sicher das wirksamste Kommunikationsmittel darstellt, das existiert.

Der Endspurt

Der eigentliche Vorteil des Menschen gegenüber den Tieren liegt darin, dass sein Verhalten viel mehr durch das beeinflusst wird, was er von anderen Menschen gelernt hat, als durch seinen Instinkt. Und dank der Sprache kann alles, was ein einzelner Mensch entdeckt oder erfunden hat, den anderen mitgeteilt werden. Denn nur mit dem Wort kann man die enorme Menge an Informationen weitergeben, die auch in dem einfachsten Aspekt der menschlichen Kultur enthalten ist. Mit vollkommen neuen Methoden begann man vor 40 000 Jahren – in einem Zeitraum, den die Paläontologen die Jüngere Altsteinzeit oder das Jungpaläolithikum nennen – mit der Fertigung von feinen und scharfen Steinklingen. Zum ersten Mal produzierte man auch Pfeil- und Lanzenspitzen, Kratzer, Harpunen und Angelhaken, Nähnadeln und sogar Musikinstrumente. Zum Stein kamen neue Materialien wie Knochen, Horn, Elfenbein und Holz hinzu. Es entstanden die ersten Werkzeuge mit einer Art Handgriff, vielleicht wurde auch der Bogen erfunden. Dann begann man zusätzlich, Materialien aus fremden Gegenden zu bearbeiten, ein sicheres Zeichen dafür, dass die einzelnen Gruppen miteinander Handel trieben und die ersten Handelswege entstanden.

Der Homo sapiens begann, so bezeugen es die aufgefundenen tierischen Überreste, große und gefährliche Säugetiere zu jagen.

Die Gewinnung des Materials
Ausgangsmaterial ist der Steinblock, von dem Teile abgeschlagen werden.

Harpunenspitze

Eine technische Revolution
Vor 40 000 Jahren tauchte plötzlich eine Vielfalt von Geräten auf. Neben den herkömmlichen Klingen werden nun Schleudern, Kratzer, Spitzen für Pfeile, Lanzen und Harpunen, Stechkeile, Angelhaken und erste Musikinstrumente gefertigt.

Herrschaftsstab

Flöte aus dem Horn des Ren

Feinbearbeitung
Mit immer kleineren »Hämmern« wird die Feinbearbeitung zur scharfen Klinge vorgenommen, der noch eine Glättung auf einem Schleifstein folgen kann.

EINE NEUE TECHNOLOGIE
Mit dem Beginn der Jüngeren Altsteinzeit entwickelt sich eine völlig neue Technik der Steinbearbeitung. Sie erlaubt vor allem die Fertigung von längeren Klingen. Die Abbildung zeigt die Herstellung eines Beils.

Der Stiel
Die Klinge wird zum Schluss an einem hölzernen Stiel befestigt. Damit ist sie leichter zu halten und die Schläge können mit größerer Kraft ausgeführt werden.

Vorbearbeitung
Mit Hilfe kleiner Steine, die als Hämmer fungieren, werden grobe Splitter abgeschlagen.

EINE NEUE WELT
In dieser europäischen Siedlung der ausgehenden Eiszeit vor ungefähr 10 000 Jahren sind die wesentlichen Merkmale des Lebens des modernen Sapiens zu erkennen.

Nicht nur die Jagd
Zur Nahrungsbeschaffung ging man auf die Jagd, für die seit kurzem der Hund domestiziert worden war. Außerdem gab es den Fischfang und das Sammeln von wilden Pflanzen, Beeren und Samen.

Die Knochenfunde unserer Vorfahren verraten uns, dass ihre durchschnittliche Lebenserwartung von 30–40 Jahren auf 60 Jahre anstieg. Dies hieß sicher auch, dass nun den älteren Menschen eine größere Bedeutung zukam, denn vor der Erfindung der Schrift verfügten allein sie über das bis dahin erworbene Wissen. Der große Sprung nach vorne, der sich vollzog, bildete den ersten tiefen Einschnitt in der Geschichte der Menschheit. Den immens langen Perioden der biologischen Evolution folgten immer raschere Fortschritte in der technischen und kulturellen Entwicklung. In den verschiedenen Gebieten begannen sich als Folge der Isolierung wie der Anpassung an die Umwelt die ersten lokalen Kulturen herauszubilden.

In keiner anderen Region erfolgte der Übergang so rasch wie im Europa des Cro-Magnon-Typus, eines modernen Homo sapiens, der nach dem Ort in Frankreich benannt wurde, wo man seine Überreste erstmals fand. Doch wie und wann erreichte der moderne Homo sapiens Europa? Und wie sah es zur selben Zeit auf den anderen Kontinenten aus?

Die Kleidung
Da immer feinere Geräte zum Zerschneiden und Nähen der Felle zur Verfügung standen, konnte richtige Kleidung gefertigt werden, mit der man sich vor der Kälte schützte.

Die Sippen
Die kleinste soziale Einheit war eine Gruppe von 20–30 miteinander verwandten Personen, die Sippe, die oft über weite Gebiete wanderte, wenn die örtlichen natürlichen Ressourcen erschöpft waren.

Der Schmuck
Die Fertigung von Schmuck geschah unter großen Mühen. Durch die Erforschung der alten Techniken hat man herausgefunden, dass ein erfahrener Handwerker jener Zeit nicht mehr als fünf kleine Perlen pro Tag herstellen konnte.

Die Ketten
Schmuck wurde aus den Eckzähnen von Wölfen oder Füchsen, Perlen aus Knochen, Elfenbein oder Horn sowie Meermuscheln hergestellt. Oben eine Kette aus Mammutzähnen, die in Sibirien gefunden wurde.

Die Eroberung der Welt

Dank seiner ausgeprägten Anpassungsfähigkeit an die unterschiedlichsten natürlichen Gegebenheiten besiedelte der Homo sapiens in relativ kurzer Zeit Asien, Australien und Europa. Er erreichte Amerika und gelangte schließlich sogar bis auf die entferntesten Inseln im Pazifik.

Der Auszug aus Afrika

Blättern wir in einem Atlas, dann stellen wir fest, dass mit Ausnahme der Antarktis praktisch jeder Winkel der Kontinente und fast alle Inseln in den Ozeanen von Menschen besiedelt sind. Auch wenn uns das ganz natürlich erscheint, so unterscheiden wir uns durch diese flächendeckende Anwesenheit auf der Erde von der restlichen lebenden Natur fast genauso wie durch unsere Intelligenz. Für alle anderen Arten stellte das Klima oder die Anwesenheit von Gegnern früher oder später ein unüberwindliches Hindernis dar. Nicht so beim Menschen. Er hat diese Hindernisse bereits in vorgeschichtlicher Zeit überwunden. Er verließ seine Urheimat, die afrikanische Savanne, nicht im Zuge von Wanderungsbewegungen, sondern verbreitete sich langsam auf der ganzen Welt. Bei fast je-

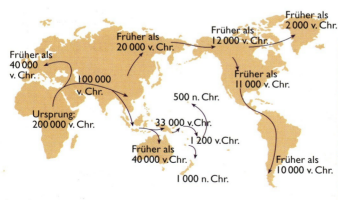

Von Kontinent zu Kontinent
Wir kennen die Expansion der modernen Menschheit nur in groben Zügen. Einige Details können vielleicht durch neue archäologische Entdeckungen oder genetische Daten noch geklärt werden, doch den größten Teil werden wir vermutlich nie erfahren.

dem Lebewesen haben die Jungen nur eine Wahl, wenn das Gebiet, in dem die Familie lebt, sie nicht mehr ernährt: Sie müssen ihr Glück in der Fremde suchen. In diesem Sinn war der Homo sapiens keine Ausnahme. Je mehr die Bevölkerung wuchs, umso größer wurden die von unseren Vorfahren besiedelten Gebiete.

Im Gegensatz zu anderen Tieren jedoch passte sich der Mensch auch den schwierigsten Lebensbedingungen an. Er lernte Tiere zu jagen, neue essbare Pflanzen zu erkennen, Kleidung zu fertigen, Unterschlüpfe zu bauen und Geräte mit den Materialien, welche die jeweiligen Regionen anboten, herzustellen. Für den vorgeschichtlichen Menschen war das Von-Ort-zu-Ort-Ziehen eine viel natürlichere Sache als für uns heute. Wie manche Indios im Amazonasgebiet oder die Eskimos in der Arktis waren unsere Vorfahren Nomaden. Wenn ein Gebiet leergejagt war, dann

Mit leichtem Gepäck
Vor der Domestikation der Tiere konnten die wandernden Menschengruppen nur wenig Gepäck – nur was sie mit eigener Muskelkraft tragen konnten – mit sich führen.

NOMADEN
Die prähistorischen menschlichen Bevölkerungsgruppen wechselten ihren Standort häufig. Ihr Überleben beruhte nicht auf dem Besitz von Land, das zu bebauen war, sondern richtete sich vielmehr nach den Wildtieren und Pflanzen, deren Fülle sich zeitlich und von Zone zu Zone ständig änderte.

ZUFALL ODER ABSICHT?
Wir wissen nicht, ob der australische Kontinent durch Zufall von Männern und Frauen aus Indonesien besiedelt wurde, die der Wind an seine Küsten geführt hatte, oder bewusst durch die ersten Seefahrer in der Geschichte der Menschheit.

Uluru
Die Besiedelung begann an der Nordküste und setzte sich an der Ost- und Westküste nach Süden fort. Sie erreichte rasch das trockene Zentralaustralien, wo sich der Ayer's Rock oder Uluru erhebt, der den Ureinwohnern, den Aborigines, als heiliger Berg gilt.

Die Aborigines
Über 40 000 Jahre lang haben die Ureinwohner Australiens isoliert von der übrigen Menschheit gelebt. Als 1770 die ersten Europäer dort landeten, betrug ihre Zahl rund 300 000 und sie sprachen 200 verschiedene Sprachen.

zogen sie in ein anderes usw., um erst dann in die ursprüngliche Region zurückzukehren, wenn sie wieder von Tieren bevölkert war. Beeinflusst wurden diese Wanderungen auch durch Klimaveränderungen. Im Laufe der letzten Jahrmillionen erfuhr unser Planet zahlreiche Eiszeiten und darauf folgende Klimaerwärmungen.

Jedes Mal, wenn sich das Polareis ausdehnt oder zurückzieht, folgen die Klimazonen diesem Rhythmus und damit auch die Pflanzen und Tiere auf der ganzen Welt. Während jeder Eiszeit verwandelte sich zum Beispiel die Sahara in eine von großen Seen bedeckte Savanne, um wieder zur Wüste zu werden, sobald sich das Erdklima erwärmte. Dieser Wechsel von günstigen und ungünstigen Klimabedingungen wirkte sich auf die ersten menschlichen Bevölkerungsgruppen wie eine Pumpe aus: Die Gebiete bevölkerten sich dank des Überflusses an Wildtieren in den Zeiten mit hohen Niederschlägen, wurden aber

Keine Spur
An den Küsten Australiens wurden keine Spuren früher Besiedelungen gefunden, denn am Ende der letzten Eiszeit, als der Meeresspiegel stieg, wurden sie alle vom Wasser bedeckt.

bei Rückkehr der Dürre wieder verlassen. Einer der natürlichen Wege aus Afrika führte über die Landenge von Suez und den Nahen Osten nach Asien.
So begann die Eroberung der Welt.

Die Etappen der Expansion
Um diese Wanderungen zu rekonstruieren, mussten sich die Wissenschaftler auf Spuren stützen, die schwierig zu interpretieren und datieren sind: Knochen von Menschen oder Tieren, Steinwerkzeuge, Reste von Wohnstätten. Die Geschichte der Verbreitung des Menschen von Afrika aus auf die anderen Kontinente bewahrt noch einen Teil ihrer Geheimnisse. In großen Zügen jedoch liegt sie klar vor uns, nicht zuletzt weil die archäologischen Daten von genetischen und linguistischen Befunden bestätigt werden.

Die erste, 100 000 Jahre zurückliegende Etappe der Wanderung des Homo sapiens war der Nahe Osten, zu jener Zeit ein mit Savannen und subtropischen Wäldern

Ein rasches Vordringen
Mit Hilfe archäologischer Funde konnten die Wissenschaftler die Geschwindigkeit errechnen, mit der Amerika besiedelt wurde: In nur sieben Jahrhunderten legte der Mensch die nahezu 20 000 Kilometer zurück, die Alaska von Feuerland im äußersten Süden des Doppelkontinents trennen.

EIN BETRÄCHTLICHES HINDERNIS
Die Besiedelung Amerikas wurde lange durch die Eisdecke verhindert, die den nördlichsten Teil des Kontinents bedeckte. Sie wurde vor 25 000 und vor 11 500 Jahren möglich, als sich jeweils für kurze Zeit ein eisfreier Korridor öffnete.

WIE VIELE WELLEN?

Jüngsten Studien zufolge, die auf einer Analyse des genetischen Erbguts der einheimischen Völker und auf ihren Sprachen beruhen, gab es nicht nur eine, sondern drei Einwanderungswellen.

Das amerikanische Paradies

Bei ihrer Ankunft in Nordamerika bot sich den Augen der ersten Siedler ein unermessliches, nie genutztes Land dar, das von Tieren bevölkert war, die noch nie einen Menschen gesehen hatten und deshalb auch keine Furcht zeigten.

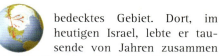

bedecktes Gebiet. Dort, im heutigen Israel, lebte er tausende von Jahren zusammen mit dem Neandertaler. Keine Beweise hat man dagegen für einen direkten Übergang nach Europa über die Meerenge von Gibraltar. Das von den Gletschern der letzten Eiszeit bedeckte Europa übte anfangs auch keine große Anziehungskraft aus.

Die weitere Expansion erfolgte in östlicher Richtung. Leider wissen wir nur sehr wenig über die Besiedelung Südasiens – unter anderem, weil das warme Klima die Konservierung von Resten wie Knochen oder aus Bambus gefertigten Geräten nicht begünstigt hat. Auch wenn die ältesten, in Thailand gefundenen Überreste nur 30 000 Jahre alt sind, muss man davon ausgehen, dass Asien schon viel früher besiedelt worden war. Von Südostasien aus brachen die ersten »Kolonisatoren« nach Australien auf, wo die ältesten Spuren menschlicher Besiedelung auf 40 000 Jahre datiert werden können. Die zu jener Zeit erworbenen technologischen Kenntnisse waren sicher schon beträchtlich. Wir wissen nicht, welche Route eingeschlagen wurde, ob über die Inselwelt Indonesiens oder über Neuguinea, doch um Australien zu erreichen, musste ein Meeresarm von mindestens 100 Kilometern Breite überwunden werden. Vor 40 000 Jahren war dann Europa an der Reihe. Es wurde von Bevölkerungen aus dem Nahen Osten besiedelt, die bereits über bemerkenswert entwickelte Technologien verfügten, was zum Aussterben des Neandertalers führte.

Kurze Zeit später, vor ungefähr 35 000 Jahren, zogen menschliche Bevölkerungsgruppen von Südostasien nach Norden und besiedelten Nordchina, Japan und die unendlichen eiskalten Ebenen Sibiriens. Von hier aus machte der prähistorische Mensch den großen Sprung nach Amerika, wohin zuvor kein Hominide seinen Fuß gesetzt hatte. Wann und wie dies geschah, ist noch nicht geklärt. Bis vor wenigen Jahren glaubten die Wissenschaftler, dass die Besiedelung vor etwa 11 500 Jahren erfolgte, nachdem eine kleine Gruppe sibirischer Jäger über die Beringstraße gewechselt war, zu jener Zeit eine Landbrücke, da der Wasserspiegel der Ozeane niedrig war. Diese Jäger fanden einen Korridor durch die dichte Eisdecke, die über Kanada lag. In jüngster Zeit jedoch wurden an einer archäologischen Fundstelle, in Monte Verde in Südchile, die Reste einer 12 500 Jahre alten Wohnstätte entdeckt. Dies lässt nun darauf schließen, dass zumindest ein Teil der Besiedler vor 25 000 Jahren während einer früheren Öffnung der kanadischen Gletscher in die Neue Welt gelangt war.

Das letzte Hindernis für die Menschheit war nun der Pazifische Ozean. Seine Inseln wurden zum ersten Mal vor 4 000 Jahren von kühnen Seefahrern aus Asien erreicht. Vor ungefähr 1 000 Jahren war dann die Expansion in den pazifischen Raum mit der Landung polynesischer Gruppen in Neuseeland abgeschlossen. Die lange, in Afrika begonnene Reise war somit zu Ende.

Die moderne Menschheit

Sich in ferne Länder zu wagen bedeutet, dass man neue Gewohnheiten – etwa in der Art, sich zu kleiden oder Nahrung zu beschaffen – annehmen muss. Es bedeutet aber auch, dass man den Kontakt zu denjenigen aufgeben muss, die in der Heimat zurückgeblieben sind.

DIE EXPEDITIONEN

Die Besiedlung der Inseln erfolgte nach kühnen Expeditionen in kleinen Flotten mit hochseetüchtigen Booten, in denen Männer und Frauen Haustiere, Wasservorrat und Nahrung für mehrere Wochen sowie Samen und Setzpflanzen zum Anbau mitführten.

Die Navigation

Die polynesischen Seefahrer kannten keinen Kompass. Um die kleinen Inseln in der Weite des Ozeans wieder zu finden, konnten sie nur auf Sterne, Wind und Strömungen zählen. Die größte Gefahr bestand darin, kein Land zu finden. Denn waren die Vorräte zu Ende, war auch die Expedition am Ende.

Von Archipel zu Archipel

Die Erinnerung an die großen, vorgeschichtlichen Fahrten, die zur Besiedlung des Pazifikraums führten, ist bis heute in den Erzählungen der Polynesier lebendig. Die Kolonisation begann mit den Inseln Mikronesiens und erreichte bald Zentralpolynesien. Von dort aus verbreiteten sich im Laufe von Jahrhunderten die polynesischen Populationen in alle Richtungen: im Norden bis nach Hawaii, im Osten bis zur Osterinsel, im Südwesten bis nach Neuseeland.

Die Boote

Die Eroberung des Pazifiks geschah mit großen, 18–24 Meter langen Katamaranen. An Bord gab es keinen Schutz vor Sonne, Wind oder Wasserspritzern.

Daten der Expansion

1. Taiwan 3500 v. Chr.
2. Philippinen 3000 v. Chr.
3. Borneo 3000 v. Chr.
4. Vietnam 1000 v. Chr.
5. Malakka 1000 v. Chr.
6. Sumatra 2000 v. Chr.
7. Halmahera 1600 v. Chr.
8. Bismarck-Archipel 1600 v. Chr.
9. Salomon-Inseln 1600 v. Chr.
10. Santa-Cruz-Inseln 1500 v. Chr.
11. Fidschi-Inseln 1500 v. Chr.
12. Samoa-Inseln 1200 v. Chr.
13. Tonga-Inseln 1200 v. Chr.
14. Marquesas-Inseln 1. Jahrhundert n. Chr.
15. Gesellschafts-Inseln 1. Jahrhundert n. Chr.
16. Cook-Inseln 1. Jahrhundert n. Chr.
17. Tuamotu-Archipel 1. Jahrhundert n. Chr.
18. Pitcairn 1000 n. Chr.
19. Osterinsel 500 n. Chr.
20. Hawaii 500 n. Chr.
21. Neuseeland 1000 n. Chr.
22. Chatham-Inseln 1300 n. Chr.

DER URSPRUNG DER UNTERSCHIEDE

Die Merkmale, welche die Bevölkerungsgruppen unterscheiden, konzentrieren sich auf den äußeren Aspekt. Sie spiegeln die Umwelt- und Klimabedingungen der Gegenden wider, in denen die Menschen leben.

Die Skandinavier
Ihre Haut ist sehr hell, denn sie muss die spärliche Sonnenstrahlung aufnehmen, die zur Synthese des Vitamins D notwendig ist.

Die Inuit oder Eskimos
Durch ihren untersetzten Körperbau und die verhältnismäßig kurzen Gliedmaßen können die Eskimos ihren Wärmeverlust gering halten.

Die Niltalbewohner
Sie stammen aus dem Niltal, ihre hoch gewachsene, langgliederige Gestalt begünstigt den Wärmeverlust.

Die Indianer
Sie sind den Bewohnern Nordasiens sehr ähnlich, denn von dort sind sie in jüngerer Zeit nach Amerika eingewandert.

Die Andenbevölkerung
Der große Brustkorb ermöglicht eine bessere Lungentätigkeit, was bei einem Leben in großer Höhe und mit dünner Luft notwendig ist.

Die Pygmäen
Ein Merkmal der in Regenwäldern lebenden Menschen ist der kleine Wuchs. Er dient dazu, die Körperbewegungen und damit den Energieverbrauch so gering wie möglich zu halten.

Die Völker Nordasiens
Die Mandelform der Augen schützt die Bewohner vor Kälte und vor den gleißenden Sonnenreflexen auf Schnee.

Die Polynesier
Während der Epoche der weiten Seefahrten entwickelte sich der kräftige und rundliche Körperbau, denn so konnte die Kälte und die häufige Nahrungsknappheit besser überstanden werden.

Die australischen Aborigines
Die dunkle Haut schützt vor den UV-Strahlen der Sonne.

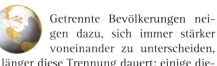

Getrennte Bevölkerungen neigen dazu, sich immer stärker voneinander zu unterscheiden, je länger diese Trennung dauert; einige dieser Unterscheidungen betreffen die Hautfarbe, die Gesichtszüge oder die Körperstatur. Deshalb war man davon ausgegangen, dass die Menschheit in Rassen wie Weiße, Schwarze oder Asiaten aufgeteilt sei und dass dieses unterschiedliche Aussehen auch tief greifende Unterschiede in Charakter und Intelligenz bedeute. Die moderne Wissenschaft hat indes nachgewiesen, dass die tatsächlichen Unterschiede zwischen den Menschen sich allein auf das äußere Erscheinungsbild beschränken. Heute kann man auch die unsichtbaren Merkmale wie Blutgruppen untersuchen und man kann sogar direkt die DNS-Moleküle erforschen. Man hat somit entdeckt, dass die genetischen Unterschiede zwischen einer Population und einer anderen äußerst klein sind und eher von quantitativer als von qualitativer Art: Sie besitzen die gleichen Gene, jedoch in unterschiedlicher Zusammensetzung. Im Allgemeinen stimmen sie auch nicht mit der Hautfarbe überein. Die überraschendste Entdeckung war jedoch, dass es innerhalb der einzelnen Bevölkerungsgruppen größere genetische Abweichungen gibt als zwischen unterschiedlichen Populationen. Dies bedeutet, dass die Vorherrschaft eines Volkes über ein anderes nie auf einer biologischen Überlegenheit beruhen kann, das heißt nie durch Gene und Erbgut festgelegt ist, sondern vielmehr auf kultureller Überlegenheit, die sich im Besitz wirksamerer militärischer Techniken oder in einer besseren sozialen Organisation

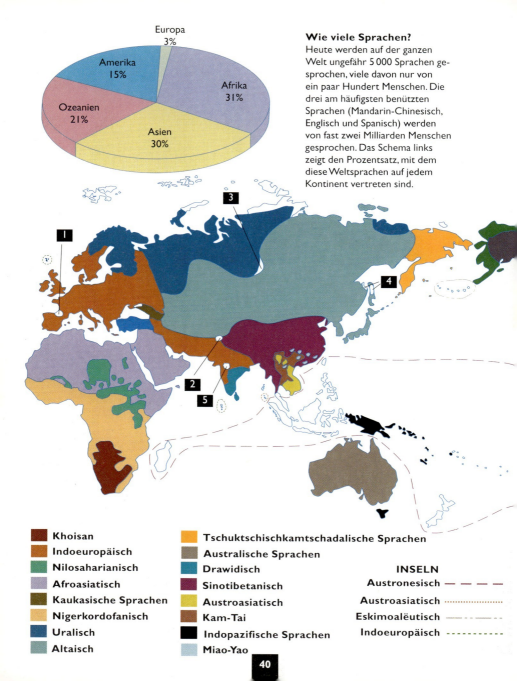

Wie viele Sprachen?

Heute werden auf der ganzen Welt ungefähr 5 000 Sprachen gesprochen, viele davon nur von ein paar Hundert Menschen. Die drei am häufigsten benützten Sprachen (Mandarin-Chinesisch, Englisch und Spanisch) werden von fast zwei Milliarden Menschen gesprochen. Das Schema links zeigt den Prozentsatz, mit dem diese Weltsprachen auf jedem Kontinent vertreten sind.

- Europa 3%
- Amerika 15%
- Afrika 31%
- Ozeanien 21%
- Asien 30%

- Khoisan
- **Indoeuropäisch**
- **Nilosaharianisch**
- **Afroasiatisch**
- **Kaukasische Sprachen**
- **Nigerkordofanisch**
- **Uralisch**
- **Altaisch**
- Tschuktschischkamtschadalische Sprachen
- **Australische Sprachen**
- **Drawidisch**
- **Sinotibetanisch**
- **Austroasiatisch**
- **Kam-Tai**
- **Indopazifische Sprachen**
- Miao-Yao

INSELN
- Austronesisch — — —
- Austroasiatisch ·········
- Eskimoaleütisch —·—·—
- Indoeuropäisch - - - - -

DIE SPRACHFAMILIEN

Die geografische Verbreitung der Sprachfamilien, wie sie auf der Karte dargestellt ist, stellt vor allem das Ergebnis der frühesten Wanderungsbewegungen dar und stimmt mit den Befunden der Archäologen und Genetiker überein.

- ■ Eskimoalëutisch
- ■ Na-Dené
- ■ Amerindisch
- 1 Baskisch
- 2 Burushaski
- 3 Ket
- 4 Gilyak
- 5 Nahali

äußern kann. Unterschiede dieser Art und Natur traten jedoch erst später, nach der Einführung von Landwirtschaft und Viehzucht, auf.

Als Folge der geografischen Abgrenzungen häuften sich jedoch sehr bald größere Abweichungen in den von den verschiedenen Bevölkerungen gesprochenen Sprachen. Es genügen 100 Jahre Isolierung und aus einer Sprache werden zwei oder drei untereinander nicht mehr verständliche Sprachen, auch wenn bei genauer Prüfung die gemeinsame Herkunft offensichtlich ist. Das lateinische Wort »mater« ähnelt dem italienischen oder spanischen »madre«, dem französischen »mère«, dem englischen »mother« oder dem deutschen »Mutter«. Das Entstehen einer neuen Sprache ähnelt der Geburt einer neuen Tierart, nur dass sie nicht das Ergebnis einer Folge von genetischen, sondern von linguistischen Veränderungen ist. Anhand der Zahl der Übereinstimmungen und Unterschiede fassen die Sprachwissenschaftler die rund 5 000 Sprachen, die heute auf der Welt gesprochen werden, in Familien zusammen.

So wie Katzen, Löwen und Tiger zur selben Familie gehören, zu den Felinen, weil sie vom selben Vorfahren abstammen, so sind die deutsche, italienische und spanische Sprache Teil der indoeuropäischen Sprachfamilie, denn sie stammen von der Sprache der bäuerlichen Bevölkerungsgruppen ab, die sich vor 6 000 Jahren in Europa niederließen.

Die Sprachforscher haben sogar einen linguistischen Stammbaum erarbeitet, der auf beeindruckende Weise mit dem Stammbaum übereinstimmt, der auf Grund der genetischen Unterschiede und mit Hilfe der archäologischen Daten erstellt wurde.

Jäger und Sammler

Viele Tausende von Jahren lebte der Mensch als Nomade und verschaffte sich seine Nahrung, indem er Tiere erlegte und alles sammelte, was die Natur ihm bot: Es handelt sich um eine Lebensform, die erst in jüngster Zeit richtig verstanden wurde.

Immer in Bewegung
Es ist nicht leicht, die Lebensform zu rekonstruieren, die unseren Vorfahren, den inzwischen »modernen« Homo sapiens, in der langen Zeitspanne zwischen 40 000 v. Chr. und der Erfindung der Landwirtschaft kennzeichnete.
Es gibt verschiedene archäologische Zeugnisse wie Siedlungsreste, Werkzeuge aus Stein und Tierknochen, Blütenpollen, aber auch das Beispiel der letzten Steinzeitbevölkerungen, die bis heute überlebt haben. Wollen wir uns diese Lebensform vorstellen, müssen wir an kleine Gruppen von 20 oder 30 Personen denken, die in weit verstreuten, beweglichen Lagern lebten und sich ihre Nahrung durch Jagd und Pflanzensammeln verschafften.
Soweit wir wissen, war das die Lebensform in Afrika, Australien, Asien und Europa.

DIE BUSCHMÄNNER
Die Bewohner der Kalahari in Südafrika, die Buschmänner, gehören zu den wenigen Völkern, die bis heute nur von Jagd und Sammeln leben.

Die Jagd
Ist die Wohnstätte weit entfernt und das erlegte Tier groß, so wird es oft an Ort und Stelle verarbeitet. Die Knochen werden zurückgelassen und das Fleisch wird mit Hilfe von Stöcken zum Lager getragen.

Die einzigen Gegenstände, die ein Mensch besaß, waren das Wenige, das er mit sich tragen konnte: außer Kleidung einige Waffen für die Jagd und Geräte zur Nahrungszubereitung und um Feuer zu machen.

Männer und Frauen

In jenen frühen Gruppen gab es keine unterschiedlichen »Berufe«, es gab weder Häuptlinge noch Sklaven, denn alle verrichteten mehr oder weniger die gleichen Tätigkeiten.

Die einzige Form der Arbeitsteilung bestand zwischen den Geschlechtern. In fast allen Gemeinschaften dieser Art widmeten sich die Männer der Jagd und die Frauen dem Sammeln von Kräutern, Früchten, Samen und Wurzeln.

Die Kinder
Das Kind ist ständig bei seiner Mutter, auf dem Arm oder dem Schoß oder an den Körper gebunden, sodass die Mutter sich frei bewegen kann.

Die Aufteilung
Eigentümer des erlegten Wildes ist nicht der Jäger, sondern derjenige, dem die Waffe gehört. Er darf das Fleisch unter den anderen Mitgliedern der Gruppe aufteilen.

Die Frauen
Den Frauen vorbehalten ist das Sammeln von Pflanzen, die Zubereitung der Speisen und die Suche nach Wasser, das in Straußeneiern aufbewahrt wird.

Ausschlaggebend für diese Aufgabenteilung war ursprünglich wohl die größere körperliche Kraft der Männer. Die Frauen waren und sind ungefähr elf Zentimeter kleiner und ihre Kraft beträgt durchschnittlich zwei Drittel der Kraft der Männer in den Armen und drei Viertel der Kraft in den Beinen. Die körperliche Überlegenheit des Mannes führte allerdings nie zu einer gesellschaftlichen Überlegenheit. Zumindest in den einfacheren steinzeitlichen Gemeinschaften war die Gleichheit unter den Geschlechtern sehr viel stärker vorhanden als im Laufe der gesamten folgenden Geschichte der Menschheit. Einer der Gründe dafür dürfte wohl darin gelegen haben, dass die von den Frauen beschaffte Nahrung im Allgemeinen mehr als die Hälfte des Kalorienbedarfs deckte, in manchen Fällen sogar 80 Prozent. Wenn die Jagd, deren Ausgang zudem immer unsicher blieb, doch von großer Bedeutung war, dann deshalb, weil Fleisch wertvolle Proteine enthält und die einzige Quelle für Vitamin B_{12} ist. Vor allem aber ist es sehr reich an Fetten, die zur Aufnahme der wichtigen Vitamine nötig sind und zur Anlage von Fettgeweben im Körper, die den einzigen Schutz in Mangelzeiten bilden. Denn Nahrungsmittelvorräte konnten die Jäger und Sammler nur in sehr seltenen Fällen anlegen.

In fast allen erforschten Kulturen von Jägern und Sammlern gehörte das erlegte Tier nicht dem Jäger, sondern es wurde unter allen aufgeteilt und das nicht nur, wenn das Tier zu groß war, um von einer einzigen Familie aufgebraucht zu werden.

Die Schleuder
Zu den Neuerungen der Jüngeren Altsteinzeit gehörte die Schleuder, ein kleiner Stock, der am unteren Schaft einer Lanze angesetzt wurde und mit dem die Wurfstärke gesteigert werden konnte.

DIE RENTIERJAGD
Die Untersuchung von Knochenfunden in europäischen Wohnstätten hat ergeben, dass das Rentier das am häufigsten gejagte Wild war.

Ein reicher Lebensraum
Entgegen den Vermutungen waren die kalten Gegenden der Eiszeit reich an Großwild und ein wahres Paradies für die vorgeschichtlichen Jäger.

Heute wie damals
Ein großer Teil des eiszeitlichen Europa ähnelte der Tundra, die heute den äußersten Norden Skandinaviens kennzeichnet.

Von Spitze zu Spitze
Die tief greifenden Änderungen beim Jagdwild spiegeln sich auch in der Entwicklung der Lanzenspitzen wider, die vom Menschen in Nordamerika vor 11 500 – 7 000 Jahren benützt wurden.

Vor 25 000 – 12 000 Jahren

Vor 15 000 – 11 000 Jahren

Vor 11 000 – 9 000 Jahren

Vor 9 000 – 7 500 Jahren

Vor 7 500 – 7000 Jahren

Das Ende der Mammuts
Diese engen Verwandten des Elefanten verschwanden gegen Ende der letzten Eiszeit plötzlich aus Europa und Nordamerika.

DAS ENDE DER GROSSEN TIERE

In Asien, Australien und Amerika folgte dem Erscheinen des Homo sapiens fast überall das Aussterben von Dutzenden großer Säugetiere, die einigen Wissenschaftlern zufolge eben durch die Jäger ausgerottet wurden.

Es handelte sich hier um eine Art Versicherung gegen Pech und Missgeschick, denn das Jagdglück blieb nicht immer demselben Jäger treu. Außerdem konnten damit jene sozialen Spannungen vermieden werden, die entstehen, wenn eine stärkere oder gewandtere Einzelperson über die anderen hinausragt. Der Erfolg der Gemeinschaft gründete auf der Zusammenarbeit aller Gruppenmitglieder.

Ein goldenes Zeitalter?

Lange Zeit dachte man, dass das Leben der Jäger und Sammler äußerst hart, gefährlich und immer am Rande des Hungers gewesen sei. Jüngste Studien haben bewiesen, dass es in gewisser Hinsicht erheblich besser war als das Leben, das ein großer Teil der Menschheit während der Jahrtausende geführt hat, die auf die Erfindung der Landwirtschaft folgten.

Eine Untersuchung der Knochen und Zähne unserer Vorfahren zeigt, dass sie, verglichen mit den späteren Menschen, besser aßen, länger lebten und an weniger Krankheiten litten. Die durchschnittliche Körpergröße der erwachsenen Männer lag bei 177 Zentimetern, die der erwachsenen Frauen bei 165 Zentimetern. Diese Maße hat die Menschheit erst wieder in der zweiten Hälfte des 20. Jahrhunderts erreicht und das auch nicht in allen Ländern. Durchschnittlich fehlten einem Erwachsenen bei seinem Tod 2,2 Zähne, später, zur Zeit der Römer, waren es 6,6.

Der Grund dafür lag vor allem in der Ernährung, die entschieden besser war als die fast ausschließlich auf Getreideprodukten basierende Ernährung der späteren, landwirtschaftlichen Bevölkerungen. Das eiszeitliche Europa war nicht von Wäldern bedeckt, sondern von Steppen, einem Lebensraum mit viel höherem Nahrungspotenzial. Hier weideten riesige Herden von Pferden, Hirschen, Rentieren und Bisons. Ihre Knochen wurden in großen Mengen in der Nähe von steinzeitlichen Siedlungsstätten gefunden. An einem einzigen Ort in der jetzigen Tschechischen Republik wurden die Knochen von über tausend Mammuts ausgegraben. Die Reste von 10 000 Pferden, die über Felsen in einen Abgrund getrieben worden waren, fand man in der Nähe von Solutré in Frankreich. Die ersten Europäer waren geschickte Jäger und somit immer gut versorgt mit Nahrung, mit Pelzen, um sich zu bekleiden, und mit Häuten, um Unterschlüpfe zu bauen. Und was die Krankheiten betraf, so tauchten Infektionskrankheiten erst viel später auf, wie wir in einem der nächsten Kapitel sehen werden.

IN DER ARKTIS
Rekonstruktion einer von Eis bedeckten Eskimo-Hütte in Alaska mit verschiedenen Wohnräumen, einem Lager- und einem Arbeitsraum – ein Beweis für die Fähigkeit des vorgeschichtlichen Menschen, sich an extremste Klimabedingungen anzupassen.

Auf der Jagd
Die Männer verließen regelmäßig in kleinen Gruppen das Lager, um Nahrung zu beschaffen. Die Küstenbewohner jagten vor allem Seehunde und Walrösser, während die Inlandsbevölkerung vor allem Karibus, Elche und Bisons erlegte.

Die Vorräte
Der aus den Flüssen gefischte Lachs und das Fleisch des erlegten Wildes wurden geräuchert oder in Eis tiefgekühlt. Das Fett diente zum Kochen, zur Beleuchtung und als Brennstoff.

Ein wertvoller Brennstoff
Die spärliche arktische Vegetation zwang die Inuit oder Eskimos häufig zu langen und mühsamen Wanderungen, um Brennholz zu finden.

DIE BISONJAGD

In Nordamerika und in einigen Gebieten Europas wurden der Bison und die anderen großen Tiere, die wanderten, oft mit Feuer und Lärm auf Abgründe zugetrieben, in die sie stürzten und wo sie dann zerlegt wurden.

Die Zerlegung
Jeder Teil des Tierkörpers wurde verwendet. Neben dem Fleisch, das als Nahrung diente, wurde die Haut zum Bau von Hütten verwendet, die Sehnen zum Binden und die Knochen zur Herstellung von Geräten.

Auch in unserer heutigen Zeit können scheinbar ungünstige Lebensumstände ein keineswegs zu verachtendes Leben bieten. Bei den Kung der Kalahari, einer wüstenähnlichen Region in Südafrika, arbeiten die erwachsenen Männer weniger als drei Stunden am Tag, um eine proteinreiche Nahrung zu beschaffen. Die Frauen können an einem Tag so viele Pflanzen, Beeren und Wurzeln sammeln, dass eine Familie drei Tage lang damit versorgt ist. Den Rest der Zeit widmet man der Erholung und den Gästen oder man macht Besuche in Nachbardörfern. Die üblichen häuslichen Tätigkeiten – kochen, Nüsse zerkleinern, Brennholz sammeln, Wasser holen – erfordern durchschnittlich ein bis drei Stunden pro Tag. Trotz der schwierigen Lebensbedingungen werden zehn Prozent der Kung älter als 60 Jahre und das in gutem Gesundheitszustand.

Das Geheimnis der Lebensbedingungen und der Freiheit, über welche die Kulturen der Jäger und Sammler verfügen, liegt in der geringen Bevölkerungsdichte, das heißt in der geringen Zahl der Bewohner im Verhältnis zum Gebiet und den verfügbaren Ressourcen. Im Allgemeinen kam eine Person auf mehr als zwei Quadratkilometer. Man hat errechnet, dass zu jener Zeit im heutigen Frankreich nicht mehr als 20 000 Menschen lebten, vielleicht waren es sogar viel weniger.

Waren das Wild und die essbaren Pflanzen in einem Gebiet erschöpft, so wanderte die Gruppe von Jägern und Sammlern in ein anderes Gebiet, um die dortigen Ressourcen zu nutzen. Natürlich ermöglichen reichere Lebensräume einer größeren Anzahl von Menschen Nahrung und Unterschlupf und

Gruppenarbeit
Jagdmethoden dieser Art erforderten eine fein abgestimmte Zusammenarbeit zwischen den teilnehmenden Jägern. Das wäre für die früheren Hominiden undenkbar gewesen, da sie über keine gesprochene Sprache verfügten und vermutlich auch nicht über eine ausreichende soziale Struktur.

IM AMAZONASGEBIET
Im größten Regenwald der Welt in Südamerika haben einige Jäger- und-Sammler-Völker bis heute neben anderen Stämmen gelebt, die primitive Formen der Landwirtschaft betreiben.

Das Curare-Gift
Dieses äußerst wirksame Gift, in das die Pfeilspitzen getaucht werden, lähmt die Muskeln der getroffenen Tiere. Es wird aus Pflanzenblättern gewonnen.

verkürzen die Wanderungen. Um die Bevölkerung in den von der Natur gesetzten Grenzen zu halten, machten unsere Vorfahren von verschiedenen Methoden der Geburtenkontrolle Gebrauch. Eine dieser Methoden bestand darin, die Stillzeit bis auf vier Jahre auszudehnen. Da der Körper der Mutter während dieser Zeit keine großen Fettgewebe ansammeln konnte, war die Mutter in diesen Jahren unfruchtbar und eine erneute Schwangerschaft erst nach dem Abstillen möglich. Die ständigen, zum Teil täglichen Wanderungen auf der Suche nach essbaren Pflanzen machten ebenfalls eine Geburtenkontrolle nötig. Die Frauen trugen ihre kleinen Kinder auf dem Rücken mit sich. Ein weiteres Kind in dieser Lebenslage wäre ein großes Problem gewesen.

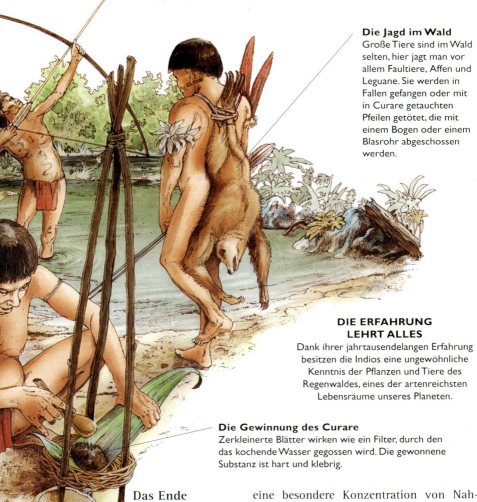

Die Jagd im Wald
Große Tiere sind im Wald selten, hier jagt man vor allem Faultiere, Affen und Leguane. Sie werden in Fallen gefangen oder mit in Curare getauchten Pfeilen getötet, die mit einem Bogen oder einem Blasrohr abgeschossen werden.

DIE ERFAHRUNG LEHRT ALLES
Dank ihrer jahrtausendelangen Erfahrung besitzen die Indios eine ungewöhnliche Kenntnis der Pflanzen und Tiere des Regenwaldes, eines der artenreichsten Lebensräume unseres Planeten.

Die Gewinnung des Curare
Zerkleinerte Blätter wirken wie ein Filter, durch den das kochende Wasser gegossen wird. Die gewonnene Substanz ist hart und klebrig.

Das Ende einer Epoche
Wahrscheinlich glichen nicht alle Jäger-und-Sammler-Kulturen dem Modell, das von uns beschrieben worden ist. In einigen Gesellschaften, die wir etwa an der amerikanischen Nordwestküste, in Südsibirien oder in Nordjapan finden, führte eine besondere Konzentration von Nahrung (in allen drei Fällen war es der Reichtum an Lachs) zumindest für einen Teil des Jahres zu einer sesshaften Lebensweise. In solchen Phasen war die Einlagerung von Nahrung für kargere Zeiten möglich; es kam zu einem Anwachsen der Bevölkerungszahl und in der Folge zum Entstehen der ersten sozialen und wirtschaftlichen Ungleichheiten.

Die sich daraus ergebenden Konflikte begünstigten es, dass einzelne Menschen sich über die anderen erhoben und, mit mehr Macht und Ansehen ausgestattet als die übrigen, innerhalb einer Gruppe für Frieden sorgten. Die auf Jagd und Sammlertum beruhende Lebensform hielt sich viele Tausende Jahre, ohne dass die Notwendigkeit einer Änderung bestand. Sie endete in den verschiedenen Teilen der Welt zu unterschiedlichen Zeitpunkten, nämlich dann, wenn der Mensch anfing, statt zu jagen und zu sammeln, was die Natur ihm gab, seine Nahrung selbst zu produzieren, indem er Pflanzen und Tiere domestizierte.

AN DEN GRENZEN DER WELT

Das Labyrinth von Inseln, Kanälen und Fjorden im kalten Feuerland an der äußersten Südspitze Südamerikas war die Heimat einiger der primitivsten Jäger- und Sammler-Kulturen der Welt. Dazu gehörten die Chono, die im 19. Jahrhundert nach Ankunft der Europäer sehr bald ausstarben.

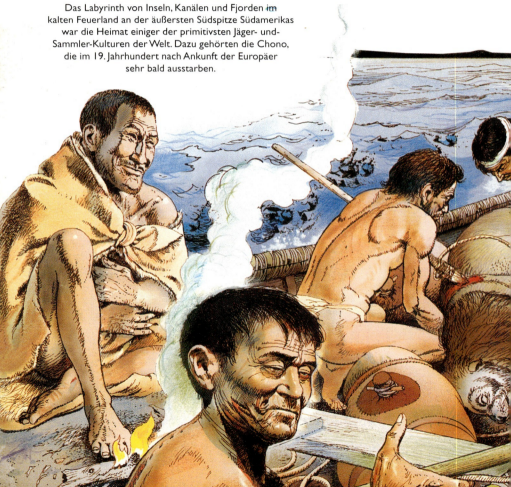

Warum tat er das? Warum gab er eine beneidenswerte Lebensform auf für eine andere, bei der er schlechter aß, mehr arbeitete und bei der die Mehrheit der Personen gezwungen war, einer kleinen Minderheit zu dienen? Das Leben als Jäger und Sammler wurde zuerst nur an wenigen Orten aufgegeben. Verschiedene Umstände, wie zum Beispiel im Nahen Osten das Ende der letzten Eiszeit vor ungefähr 12 000 Jahren, spielten eine Rolle. Als Folge der zurückweichenden Gletscher und der Klimaerwärmung wuchsen an Stelle der weiten Steppen, in denen der Mensch das Großwild gejagt hatte,

Das Überleben
Fische und Robben wurden mit Harpunen von einfachen, flachen Booten aus gejagt, die Seevögel wurden mit Pfeil und Bogen erlegt, während die Frauen Muscheln und Algen im seichten Wasser sammelten.

Ein hartes Leben
Die Feuerländer, die in beweglichen, mit Baumrinde oder Guanako-Häuten bedeckten Hütten lebten, schliefen auf dem gefrorenen Boden. Die ersten europäischen Reisenden sahen mit größter Verwunderung, dass die Eingeborenen trotz der Eiseskälte fast keine Kleider trugen.

Sesshafte Jäger und Sammler

Dank der reichen natürlichen Ressourcen mussten die Indianer im Nordwesten zur Nahrungsbeschaffung nicht ständig umherschweifen. Sie lebten in geräumigen Häusern aus Zedernholzbalken und bildeten große Familienverbände, die von Männern geleitet wurden, die sich durch Reichtum oder besonderen Mut beim Walfang ausgezeichnet hatten.

Die Ernte
In den unendlichen Wäldern sammelten die Frauen Waldfrüchte, vor allem Himbeeren, Heidelbeeren und die Früchte des Holunders, die in Seehundöl eingelegt wurden.

dichte Wälder, in denen sehr viel weniger und sehr viel kleinere Tiere lebten.

In anderen Gegenden wie in Nordamerika wurde das Leben erschwert, als plötzlich rund 80 Gattungen von großen Säugetieren – wie zum Beispiel Mammut, Riesenfaultier, Großer Biber, Kamel und Säbelzahntiger – ausstarben. Nach Meinung einiger Wissenschaftler verursachten gerade die Jäger, die seit kurzem den Kontinent besiedelt hatten, das Aussterben dieser Tiere.

Die Gras fressenden Tiere waren die Anwesenheit des Menschen nicht gewohnt und wurden im Lauf von einem Jahrtausend durch die Bejagung ausgerottet. Ihnen folg-

EIN GLÜCKLICHES VOLK
Die Indianer im Nordwesten Amerikas wurden von der Natur besonders begünstigt. Ihnen standen dichte Nadelwälder zur Verfügung, Lachse, die während der guten Jahreszeit zu Millionen die Flüsse heraufschwammen, und ein an Muscheln, Fischen, Seehunden und Walen reiches Meer.

Der Walfang
Im Frühling, wenn die Wale auf ihrer Wanderung sich der Küste näherten, fuhren die Männer mit ihren Kanus zum Walfang auf das Meer hinaus. Die erlegten Tiere wurden an den Strand geschleppt und unter den Familien des Dorfes verteilt. Man trocknete das Fleisch und entzog ihm das Fett, das zum Kochen und zur Beleuchtung verwendet wurde.

ten bald die Fleischfresser, da ihnen nach dem Aussterben ihrer Beutetiere jetzt ihre Ernährungsgrundlage entzogen worden war. Es war somit die Nahrungsknappheit, die einige menschliche Gemeinschaften veranlasste, neue Möglichkeiten der Nahrungsversorgung auszuprobieren. Wobei sie vermutlich nicht bedachten, dass die neue Lebensform völlig anders sein würde. Doch die Nahrung war nicht das Einzige, was die Menschen der jüngeren Altsteinzeit beschäftigte. In jener Zeit fand der Mensch eine Möglichkeit, die Existenz einer inneren Welt zum Ausdruck zu bringen, die vor ihm noch kein anderes Lebewesen gekannt hatte.

Der Mensch äußert sich

Der Beginn der Jüngeren Altsteinzeit vor rund 40 000 Jahren wird nicht nur durch das Erscheinen immer komplizierterer Geräte gekennzeichnet, sondern vor allem auch durch die ersten Zeugnisse einer zutiefst menschlichen Ausdrucksweise, der künstlerischen Kreativität.

Der Funken der Kunst

Die Zeugnisse, die uns von den Australopithecinen, dem Homo habilis und dem Erectus, aber auch vom Homo sapiens während der ganzen ersten Periode ihrer Evolution hinterlassen wurden, sind für uns von ungeheurem Interesse, denn sie beleuchten unseren Ursprung. Aber uns darin zu erkennen, fällt uns schwer. Kurz nach dem für die Vorgeschichte so entscheidenden großen Sprung nach vorne vor 40 000 Jahren hat man zum ersten Mal das überwältigende Gefühl, vor der Arbeit eines modernen menschlichen Geistes zu stehen, in der ein reiches inneres Leben zum Ausdruck kommt.

Diese außergewöhnliche künstlerische Blüte kam überraschend. Die meisten Wissen-

Der »Zauberer« von Trois Frères
In einer Höhle in Frankreich befindet sich eine der rätselhaftesten Zeichnungen der vorgeschichtlichen Kunst: die Hinterbeine sind menschliche Beine, der Schwanz ähnelt einem Wolfs- oder Fuchsschwanz, die Vorderpranken sind menschliche Hände, das Gesicht ist das eines Vogels und das Geweih stammt von einem Hirsch.

schaftler vertreten die Meinung, dass es sich um eine kulturelle Revolution handelte. Angeregt wurde sie vermutlich von einer Änderung im Aufbau der Gehirnwindungen, wodurch unsere Vorfahren in die Lage versetzt wurden, in Symbolen zu denken, und das Bedürfnis verspürten, sich künstlerisch auszudrücken. Die ersten Kunstwerke entstanden fast gleichzeitig in Europa, Russland, Südafrika und Australien. Der größte Teil der Arbeiten hatte mit der Tierwelt zu tun, was wenig überrascht, wenn man an die Bedeutung der Tiere in einer Jägergesellschaft denkt.

An keinem Ort jedoch erreichte die künstlerische Tätigkeit des vorgeschichtlichen

Die Jagd
Dieser mit Pfeil und Bogen bewaffnete Jäger, der zwei Rentiere verfolgt, das am meisten verbreitete Wild in Europa, wurde auf die Wand der Castellón-Höhle in Spanien gemalt.

Der Beschwörungritus
Um den Ritus zu begehen, wurde die Haut eines Bären verwendet. Möglicherweise schlüpfe ein Mensch in das Bärenfell und ahmte die Bewegungen des Tieres nach.

DER BÄRENKULT
In einigen Höhlen in den Alpen wurden ordentlich aufgehäufte Bärenknochen und -schädel gefunden, die vermutlich religiöse Bedeutung hatten. Sie gehören zu den ersten Zeugnissen, die berichten, dass der Mensch den Erscheinungen der Natur übernatürlichen Einfluss beimaß.

Menschen eine solche Perfektion wie im Europa der Eiszeit.

In den berühmten Höhlen von Lascaux in Frankreich oder von Altamira in Spanien kann man noch heute Hirsche, Stiere, Nashörner, Mammuts, Rentiere und Löwen betrachten. Vor allem Pferde und Bisons wurden mit realistischer Genauigkeit dargestellt, und zwar nicht nur die Umrisse der Tierkörper, sondern auch die unterschiedlichen Schattierungen und Bewegungen. Auf die Wände von rund 200 Höhlen malten diese ersten Europäer auch seltsame geometrische Figuren und unheimliche Fabelwesen, halb Mensch, halb Tier. Die Epoche der Höhlenmalereien dauerte in Europa rund 25 000 Jahre. Am Ende der letzten Eiszeit, vor etwa 10 000 Jahren, verschwanden die Wandmalereien ebenso rasch, wie sie aufgetaucht waren.

Im Unterschied zu unseren heutigen Kunstwerken, die bewundert werden wollen, entstand der größte Teil der vorgeschichtlichen künstlerischen Zeugnisse im Verborgenen oder an Plätzen mit schwierigem Zugang wie Höhlen, Wüsten oder Bergen als Zeichen eines privaten Zwiegesprächs mit der Natur und ihren Kräften. Es ist sicher kein Zufall, dass auch die ersten Begräbnisstätten auf diesen nahezu magischen Moment der Menschheitsgeschichte zurückgehen. Vielleicht war es das Bewusstsein von der Unvermeidlichkeit des Todes, das unsere Vorfahren veranlasst hat, sich eine übernatürliche Welt zu schaffen, bevölkert mit Geistern, die sich von der Vergänglichkeit der menschlichen Existenz befreit haben. Keine Gesellschaft in der Geschichte hat je leben können ohne Mythen, die den Einzelnen in ein Ganzes einordnen und dem Dasein einen Sinn geben.

Die Pfeile
Bei den Tierfiguren sind häufig Kratzer oder Abschürfungen zu sehen. Sie stammen vermutlich von den Pfeilen, welche die Jäger während der Beschwörungsriten gegen die Wände abschossen.

DIE HÖHLE VON LASCAUX
Die feinsten und komplexesten Darstellungen der vorgeschichtlichen Kunst in Europa finden sich in den Höhlen von Lascaux und Altamira. Sie stammen aus der letzten Epoche der Jüngeren Altsteinzeit, auch »Magdalénien« genannt, vor 18 000 – 10 000 Jahren. Die Bilder von Lascaux wurden vor 18 000 – 17 000 Jahren gemalt.

Der Schatz
An den Wänden der Höhle wurden rund 600 in Gelb, Rot, Braun und Schwarz gemalte Tiere und Symbole und fast 1500 Gravierungen gefunden.

Die Entdeckung
Die Höhle von Lascaux in der Dordogne in Frankreich besteht aus einem System von Sälen und Gängen. Sie wurde im September 1940 durch Zufall von zwei Jungen entdeckt.

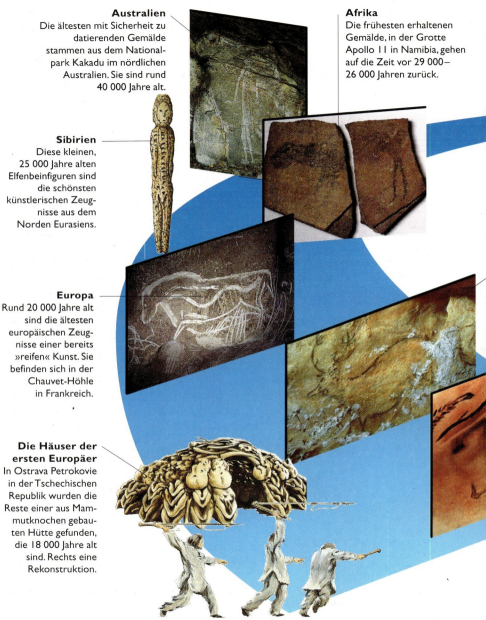

Australien
Die ältesten mit Sicherheit zu datierenden Gemälde stammen aus dem Nationalpark Kakadu im nördlichen Australien. Sie sind rund 40 000 Jahre alt.

Afrika
Die frühesten erhaltenen Gemälde, in der Grotte Apollo 11 in Namibia, gehen auf die Zeit vor 29 000–26 000 Jahren zurück.

Sibirien
Diese kleinen, 25 000 Jahre alten Elfenbeinfiguren sind die schönsten künstlerischen Zeugnisse aus dem Norden Eurasiens.

Europa
Rund 20 000 Jahre alt sind die ältesten europäischen Zeugnisse einer bereits »reifen« Kunst. Sie befinden sich in der Chauvet-Höhle in Frankreich.

Die Häuser der ersten Europäer
In Ostrava Petrokovie in der Tschechischen Republik wurden die Reste einer aus Mammutknochen gebauten Hütte gefunden, die 18 000 Jahre alt sind. Rechts eine Rekonstruktion.

Moderner Geist
Zusammen mit dem Erscheinen des modernen Homo sapiens vor rund 40 000 Jahren tauchen plötzlich prähistorische künstlerische Zeugnisse auf.

Die Cosquer-Höhle
Der Eingang zu dieser Höhle in Frankreich, heute unter dem Meeresspiegel liegend, wurde 1985 zufällig von einem Taucher entdeckt. Ihre Bilder sind vor 17 000 Jahren entstanden.

Die Höhle von Altamira
Die vor rund 14 000 Jahren bemalten Wände dieser spanischen Höhle bewahren die ausdrucksstärksten Beispiele der vorgeschichtlichen Kunst in Europa.

DER BEGINN DER KUNST
In der Epoche vor 40 000 – 10 000 Jahren wurde die Kunst – egal wo sich der »moderne« Mensch befand – ein allgemeines kulturelles Element der gesamten Menschheit.

Die Erfindung des Bildes

Die Erforschung der Bilder, die von jenen frühen Künstlern während der Eiszeit gemalt wurden, begann sofort nach ihrer Entdeckung, Ende des 19. Jahrhunderts.

Nach Meinung der ersten Fachleute, die sich mit den Wandmalereien beschäftigten, handelte es sich dabei um Beschwörungsbilder. Durch sie wollten sich die Menschen die Geister der Natur günstig stimmen, damit sie Jagderfolg gewährten. Mit der Zeit wurde diese Interpretation jedoch aufgegeben. Man hatte festgestellt, dass vor allem Pferde und Bisons abgebildet waren, während das Hauptwild der europäischen Jäger, das Rentier, eher selten vertreten war.

Andere Wissenschaftler stellten die These auf, dass die abgebildeten Tiere nicht »gut zum Essen« waren, sondern vielmehr »gut zum Denken«, also voller Symbolgehalt, und dass sie deshalb die mythischen Vorfahren verkörpern sollten. Leider werden wir nie mit Gewissheit sagen können, was den Künstlern der Eiszeit durch den Kopf ging, denn ihre Kultur ist heute unwiederbringlich verloren. Andererseits, wie soll man Bilder verstehen, die Madonnen darstellen, ein der europäischen Kunst der letzten tausend Jahre so vertrautes Thema, ohne eine Ahnung vom christlichen Glauben zu haben?

Deshalb hat man in den letzten Jahren umso intensiver zu verstehen versucht, was der Ursprung dieser rätselhaften Darstellungen gewesen sein könnte. Wir sind heute so sehr an den Anblick von Bildern gewöhnt, dass wir uns gar nicht mehr bewusst sind, wie seltsam es ist, dreidimensionale Tiere zweidimensional, das heißt auf einer ebenen Fläche, darzustellen.

Nach einer bemerkenswerten Hypothese entstand diese Kunst nicht, um Geschichten zu erzählen oder eine günstige Jagd zu beschwören, sondern aus den Halluzinationen der Schamanen. Diese Auffassung wurde von südafrikanischen Wissenschaftlern erarbeitet, und zwar auf der Grundlage von Erzählungen der Buschmänner, bei denen diese alten künstlerischen Traditionen bis vor wenigen Jahrzehnten noch erhalten geblieben waren.

In den Zivilisationen der Jäger und Sammler, auch in den heute noch existierenden, welche die Ethnologen direkt studieren konnten, ist der Schamane der Bewahrer der Mythen seines Volkes. Er hat die Aufgabe, mit der Welt der Geister zu kommunizieren, und das tut er, indem er in Trance fällt. Bei einem solchen Trancezustand, ein von den Neuropsychologen lange studiertes Phänomen, produziert der Geist eine Reihe von beweglichen, geometrischen Bildern: Gitter, parallele Linien, Punkte, Spiralen. Diese Bilder, die wir zum Beispiel auch sehen, wenn wir uns heftig die Augen reiben, ähneln auf verblüffende Weise den geometrischen Motiven, die zu Tausenden auf den Wandmalereien Europas und Südafrikas anzutreffen sind.

Ein Trancezustand besteht aus drei intensiver werdenden Stadien. In jedem Stadium sieht man bestimmte Bilder. Im letzten verschwimmt die menschliche Figur mit anderen Gegenständen, die für denjenigen, der die Halluzinationen hat, von Bedeutung sind. Das erklärt die Darstellung von Wesen, die, wie in Europa, halb Mensch und halb Bison sind oder, wie in der afrikanischen Kunst, halb Mensch, halb Antilope. In einigen erhaltenen Bilderzyklen

Die Trance
Unter Begleitung von Musik, Gesang und Tanz und mit verschiedenen Hilfsmitteln, darunter auch Drogen, versetzten sich die Schamanen in einen Zustand, in dem das Bewusstsein eingeschränkt war. Je länger die Zeremonie dauerte, umso tiefer wurde die Trance.

Die Visionen
Wenn man in Trance fällt, erscheinen, wie auf eine ene Fläche projiziert, vor em geistigen Auge bizarre Bilder: geometrische, aber auch realistische Figuren. ch Meinung der Forscher aren es diese Visionen, die er prähistorischen Kunst zum Ausdruck kamen.

DER SCHAMANE
Von diesem besonderen Menschen, in vielen Jäger-und-Sammler-Völkern existent, glaubte man, er sei im Besitz übernatürlicher Kräfte, die es ihm erlaubten, mit der Welt der Geister in Verbindung zu treten.

beider Kontinente konnten die Forscher die Merkmale aller drei Trancestadien festhalten. Nach Meinung der Neuropsychologen könnte der Ursprung der zweidimensionalen Abbildungen darin bestehen, dass während einer Halluzination die Bilder so gesehen werden, als würden sie auf Flächen wie Wände oder Decken projiziert. Schamanentum und der Gebrauch von Rauschmitteln aus Pflanzen oder Pilzen sind in allen Kontinenten bekannt. Die Kunst könnte somit in Afrika, Europa und Australien auf die gleiche Weise entstanden sein, auch wenn die den Figuren zugeteilte spezifische Bedeutung von Ort zu Ort variierte. Nur selten war es möglich, die mythologische Grundlage der Bilder zu enträtseln. Dies ist der

DIE BILDHAUERKUNST
Vorgeschichtliche Fundstätten in Europa haben uns zahlreiche Statuetten aus Stein, Elfenbein, Knochen und Horn geliefert.

Die »Venus«-Statuetten
Diese weiblichen Miniaturskulpturen, die von der Atlantikküste bis Sibirien gefunden wurden, zeichnen sich durch ein perfektes Gleichgewicht des Materials und durch ausgewogene Formensymmetrie aus.

Die Venus von Willendorf
Vor rund 20 000 Jahren wurde die berühmte, im österreichischen Willendorf aufgefundene Statuette geschaffen. Ihre Brüste, Hüften und ausgeprägten Gesäßbacken lassen darauf schließen, dass es sich um ein altes weibliches Fruchtbarkeitssymbol handelte.

Die Venus von Lespugue
Diese kleine, 20 000 Jahre alte Elfenbeinskulptur ist nach dem Ort in Frankreich benannt, wo sie gefunden wurde,

Fall bei den Buschmännern, deren Erzählungen von den Anthropologen noch rechtzeitig aufgenommen werden konnten. So war zum Beispiel die in den Darstellungen so häufig vorkommende Antilope das Symbol übernatürlicher Macht und jede Darstellung einer Antilope bedeutete eine Brücke, die in die andere Welt führte.

Die prähistorische Kunst in der Welt

Was immer auch der Grund gewesen sein mag, das Bedürfnis, Zeugnisse der eigenen Kreativität zu hinterlassen, muss in vorgeschichtlicher Zeit sehr stark gewesen sein. Die Archäologen haben Tausende von prähistorischen Ausgrabungsstätten in unterschiedlichen Regionen der Welt mit Millionen von gemalten oder, häufiger, in

Die Figuren
In Mähren wurde diese rund 23 000 Jahre alte Elfenbeinstatuette gefunden. Sie ist ein Beispiel für die schemenhafte Darstellung, die kennzeichnend für die Skulpturen aus der Jüngeren Altsteinzeit ist.

Das Mädchen von Brassempouy
Aus Frankreich stammt diese kleine Elfenbeinstatuette eines jungen Mädchens. Sie ist etwa 22 000 Jahre alt und misst knapp 3,5 Zentimeter. Bezaubernd ist die zarte, natürliche Schönheit, die weit über das starre Schema der anderen »Venus«-Figuren hinausgeht.

Die Verzierung
Dieser in Frankreich gefundene Bisonkopf ist in ein Stück Rentiergeweih eingeritzt und stammt aus einer Zeit vor 15 000 – 10 000 Jahren.

VERGÄNGLICHE KUNST

In Baumstämme eingeschnittene Ornamente, wie sie in Australien bis zum Beginn des 20. Jahrhunderts und vielleicht auch auf anderen Kontinenten geschaffen wurden, sind eine sehr vergängliche Kunstform, von der wir nicht viel wissen.

Die Kunst des Baumschnitzers

Die Baumrinde wurde mit Steinbeil und Meißel entfernt. Es blieb eine freie, ovale Fläche, in die mit einem spitzen Stein das Ornament eingeritzt wurde.

Grabbäume

Die australischen Baumschnitzer kennzeichneten, wie wir es mit Grabsteinen tun, die Grabstätte eines Verstorbenen. Ihre Zeichnungen stellten die Symbole der Ahnenlegende der Sippe dar.

Auf der Osterinsel
Diese bizarre Figur stellt den Orongo, einen legendären Vogelmenschen, dar.

Stein geritzten Bildern aufgelistet: ein umfangreiches Archiv der Geschichte der Menschheit, entstanden noch vor Erfindung der Schrift. Und die Arbeit der Forschung ist noch lange nicht beendet.

In Mittelasien und in Südsibirien zum Beispiel gibt es in fast allen Flusstälern ergiebige Fundstätten mit zum Teil noch unerforschter steinzeitlicher Kunst. Die europäischen Wandmalereien der Eiszeit, die sich vor allem auf Südwestfrankreich und Nordspanien konzentrieren, sind nur die bekanntesten. Nicht weniger interessant ist jedoch der Schmuck aus jener Epoche. In den Ausgrabungsstätten der Jüngeren Altsteinzeit in Westeuropa fanden die Archäologen große Mengen von Ketten und Anhängern aus Knochen und Elfenbein oder aus Hunderten von Fuchs- oder Wolfszähnen. Ganz zu schweigen von den verschiedenen »Venus«-Statuetten, Skulpturen von Spanien bis zum Ural, die weibliche Figuren darstellen. Künstlerische Zeugnisse sind in Amerika nicht so häufig anzutreffen wie in Europa. Doch an der Westküste zwischen Britisch-Kolumbien und Chile bewahrt die Neue Welt Millionen von Malereien und geritzten Felsbildern aus der Zeit vor der Ankunft der Europäer.

An vielen Orten wie im Herzen der Sahara oder der Kalahari hat sich diese künstlerische Tradition bis vor wenigen Jahrzehnten erhalten, bei einigen Gemeinschaften der Aborigines in Australien ist sie noch heute anzutreffen. Die geheimnisvollen menschlichen Gestalten, neben Giraffen, Antilopen und Elefanten, mit großen runden Köpfen wurden nach Meinung der Forscher unter dem Einfluss von Halluzinogenen wie Kräutern oder Pilzen geschaffen, wie das auch in Mexiko oder im Südwesten der Vereinigten Staaten der Fall war. In den Darstellungen einiger Fundstätten in der Sahara kann man sogar die ganze Entwicklung der Menschheit verfolgen, von der Zeit der Jäger bis zur Epoche des Gewehrs, das von Arabern und Europäern eingeführt wurde. Australien ist ebenfalls reich an künstlerischen Zeugnissen, vor allem im Norden.

Es handelt sich hierbei um einen der seltenen Fälle, in denen eine Erläuterung der Darstellungen, wenn nicht von Seiten der Urheber, so doch von Personen gegeben wurde, die noch heute die gleiche Kultur und die gleichen Traditionen bewahren. Wir wissen deshalb, dass die auf Fels gemalten oder eingeritzten Figuren wahre heilige Bücher sind, ähnlich der Bibel oder dem Koran. Sie geben über die Gene-

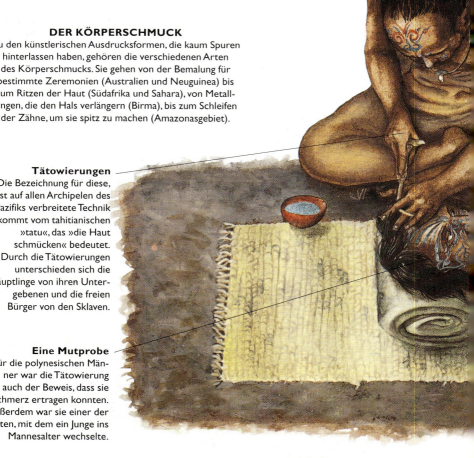

DER KÖRPERSCHMUCK
Zu den künstlerischen Ausdrucksformen, die kaum Spuren hinterlassen haben, gehören die verschiedenen Arten des Körperschmucks. Sie gehen von der Bemalung für bestimmte Zeremonien (Australien und Neuguinea) bis zum Ritzen der Haut (Südafrika und Sahara), von Metallringen, die den Hals verlängern (Birma), bis zum Schleifen der Zähne, um sie spitz zu machen (Amazonasgebiet).

Tätowierungen
Die Bezeichnung für diese, einst auf allen Archipelen des Pazifiks verbreitete Technik kommt vom tahitianischen »tatu«, das »die Haut schmücken« bedeutet. Durch die Tätowierungen unterschieden sich die Häuptlinge von ihren Untergebenen und die freien Bürger von den Sklaven.

Eine Mutprobe
Für die polynesischen Männer war die Tätowierung auch der Beweis, dass sie Schmerz ertragen konnten. Außerdem war sie einer der Riten, mit dem ein Junge ins Mannesalter wechselte.

rationen die Geschichten und Mythen des Volkes weiter, die bis auf die »Zeit des Schlafs« zurückgehen, als die Erde, die Tiere und die Menschen geschaffen wurden. Sie hatten beschwörende, aber vor allem auch didaktische Bedeutung. Sie wurden von den Alten benützt und in einigen Gebieten verwenden die Aborigines sie immer noch, um die Jungen in die Traditionen und Legenden des Volkes einzuführen. Gebiete wie Australien bieten eine einmalige, unwiederholbare Gelegenheit, um in direkten Kontakt zu Bevölkerungen der Steinzeit zu treten. Andere Regionen wie der Nahe Osten, Südostasien, China, Japan oder Korea haben uns allerdings nichts überliefert. Das bedeutet nicht, dass jene Völker keine künstlerische Ausdrucksweise gekannt hätten. Vielleicht malten und gravierten sie ihre Bilder auf Holz oder auf Tierhäute, von denen uns die Zeit nichts übrig gelassen hat.

Die Maori
In der starren hierarchischen Gesellschaft der Maori, der auf den Inseln Neuseelands lebenden polynesischen Bevölkerung, wurden die Tätowierungen von Spezialisten ausgeführt. Je höher der Rang der Person war, umso ausgefeilter und komplexer waren die Tätowierungen.

Die landwirtschaftliche Revolution

Der Übergang des Menschen von der Jäger-und-Sammler-Kultur zu Landwirtschaft und Viehhaltung war das wichtigste Ereignis in der Vorgeschichte. Die damit einhergehenden Veränderungen beeinflussten alle Aspekte des menschlichen Lebens in entscheidender Weise.

Die »Zähmung« der Natur

Heute ernährt sich fast niemand mehr von dem, was die Natur unmittelbar anbietet. Es scheint uns völlig selbstverständlich, die Nahrung zu uns zu nehmen, die von uns selbst hergestellt wurde oder von jemand anderem für uns. Diese verhältnismäßig neue, nur wenige Tausend Jahre alte Erscheinung zog sehr bald weit reichende Folgen nach sich. Vor allem multiplizierte sich die Menge an Nahrung, die ein Stück Land produzieren konnte um das Zehn- bis Hundertfache. Während zuvor nur wenige Pflanzen dem Menschen nützlich waren, stieg ihre Zahl mit der Landwirtschaft erheblich. Die Tiere, die man züchtete, lieferten nicht nur Fleisch und Milch, sondern auch Mist, der über Jahrtausende das vorherrschende Düngemittel in der Landwirtschaft sein sollte. Zudem wurde auch

EINE REICHE ERNTE
Die Ernte der wilden Getreidesorten war sehr einträglich. Archäologen haben mit den Geräten der damaligen Zeit wild wachsendes Getreide geerntet und dabei festgestellt, dass pro Kalorie, die bei der Arbeit verbraucht wurde, 50 Kalorien geerntet wurden.

Der Mühlstein
Eine der mühsamsten Aufgaben für die ersten Bauern war die Zubereitung der Speisen. Die Getreidekörner mussten jeden Tag von Hand mit einem großen Kiesel in einem hohlen Stein zerrieben werden, da gemahlenes Gut nicht lange aufbewahrt werden konnte.

ihre Zugkraft für den Pflug eingesetzt. Die somit produzierte größere Menge an Nahrung verursachte einen Bevölkerungsanstieg und setzte dem Nomadendasein zu Gunsten eines sesshaften Lebens ein Ende. Dann entstand die Arbeitsteilung und die menschlichen Gemeinschaften standen plötzlich an der Schwelle zur Geschichte. Aber wie und wo sind Landwirtschaft und Viehhaltung entstanden? Der Prozess, durch den wilde Pflanzen und Tiere in Nutzpflanzen und -tiere umgewandelt wurden, die der Mensch züchten und nach seinem Gutdünken verwenden kann, wird »Domestikation«

Die Natufien-Kultur

Die ersten Bevölkerungen, die Landwirtschaft betreiben, lebten in dem Hügelgebiet, das heute zu Israel, dem Libanon, Syrien und Jordanien gehört. Sie bewahrten ihr Getreide in unterirdischen Schächten auf. In diesen Schächten haben die Archäologen auch die ältesten Knochenreste von Hausmäusen entdeckt.

DIE WILDEN GETREIDESORTEN

Die Vorfahren des so genannten Zweikorns, der ersten Getreide-Kulturpflanze, und der Gerste gediehen vorzüglich im Küstengebiet des Vorderen Orients. Das Mittelmeerklima war günstig für Jahrespflanzen, deren Reservesubstanz sich im Samen konzentriert.

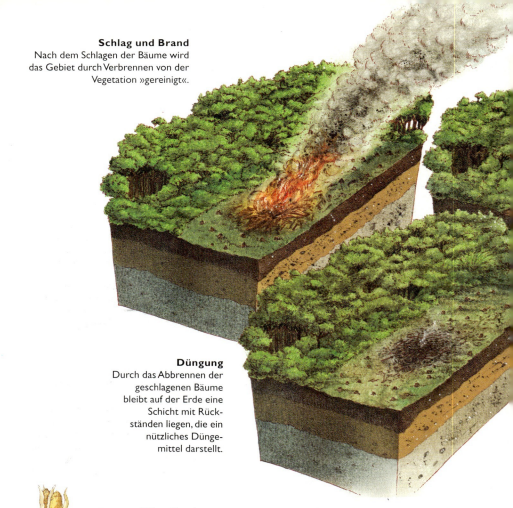

Schlag und Brand
Nach dem Schlagen der Bäume wird das Gebiet durch Verbrennen von der Vegetation »gereinigt«.

Düngung
Durch das Abbrennen der geschlagenen Bäume bleibt auf der Erde eine Schicht mit Rückständen liegen, die ein nützliches Düngemittel darstellt.

genannt. Wie Charles Darwin als Erster herausfand, sind die grundlegenden Mechanismen der Domestikation die gleichen wie die der biologischen Evolution, welche die Vielfalt der heute auf unserem Planeten existierenden lebenden Formen geschaffen hat. Die Evolution geschah auf der Grundlage der natürlichen Selektion, die in jeder Generation nur denjenigen Individuen erlaubt hat, sich fortzupflanzen, die sich am besten der Umwelt angepasst hatten. Weizen und Äpfel, Rinder und Schafe dagegen sind das Ergebnis einer vom Menschen durchgeführten Selektion. Dabei hat man von Generation zu Generation nur jene Individuen sich fortpflanzen lassen, welche die gewünschten Eigenschaften aufwiesen, etwa größere

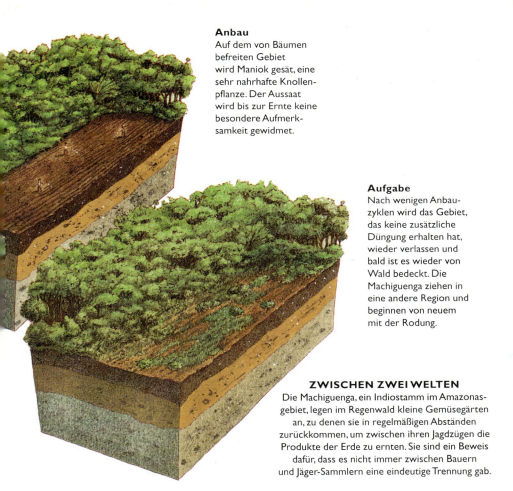

Anbau
Auf dem von Bäumen befreiten Gebiet wird Maniok gesät, eine sehr nahrhafte Knollenpflanze. Der Aussaat wird bis zur Ernte keine besondere Aufmerksamkeit gewidmet.

Aufgabe
Nach wenigen Anbauzyklen wird das Gebiet, das keine zusätzliche Düngung erhalten hat, wieder verlassen und bald ist es wieder von Wald bedeckt. Die Machiguenga ziehen in eine andere Region und beginnen von neuem mit der Rodung.

ZWISCHEN ZWEI WELTEN
Die Machiguenga, ein Indiostamm im Amazonasgebiet, legen im Regenwald kleine Gemüsegärten an, zu denen sie in regelmäßigen Abständen zurückkommen, um zwischen ihren Jagdzügen die Produkte der Erde zu ernten. Sie sind ein Beweis dafür, dass es nicht immer zwischen Bauern und Jäger-Sammlern eine eindeutige Trennung gab.

und schmackhaftere Früchte bei den Äpfeln, dichtere Wolle bei den Schafen, zahlreichere Körner in den Getreideähren oder ein gutmütigerer Charakter bei den Rindern.

Die Ursprungsgebiete

Nicht immer war diese Auswahl beabsichtigt, wie das heute in den Labors der Agronomen und Viehzüchter geschieht. Sehr viel wahrscheinlicher wurde die Auswahl unbewusst getroffen. Wenn zum Beispiel ein wilder Baum größere Früchte trug als die anderen, wurden seine Früchte gesammelt. Nach dem Verzehr wurden die Samen dieser Früchte in der Umgebung der Wohnstätten weggeworfen. Dort schlugen sie Wurzeln und es entstanden neue Bäume mit größeren Früchten. Mit der Zeit wählten die

Nordamerika
Pflanzen: Sonnenblume, Tabak
Tiere: keine

Anden und Amazonien
Pflanzen: Kartoffel, Maniok, Ananas, Quinoa, Koka
Tiere: Lama

Mesoamerika
Pflanzen: Bohnen, Kürbis, Tomate, Avocado, Kakao, Baumwolle
Tiere: Truthahn

DIE URSPRUNGSGEBIETE
In fünf verschiedenen Regionen der Erde entstanden Landwirtschaft und Viehzucht unabhängig voneinander. Von diesen Regionen ausgehend, verbreiteten sich die Pflanzen und Tiere auf der ganzen Welt.

Menschen nur die Früchte dieser Bäume und dabei begannen sie wiederum die schmackhafteren zu bevorzugen.
Die Wissenschaftler konnten den Ablauf der Entwicklung rekonstruieren, indem sie die gezähmten Arten mit den ihnen ähnlichen wilden verglichen und an den Ausgrabungsstätten erforschten, wo und wie die Tiere und Pflanzen benützt wurden. Das zweifellos wichtigste Ergebnis dieser Untersuchungen besagt, dass Landwirtschaft und Viehhaltung in mindestens fünf Gebieten der Erde völlig unabhängig voneinander und zu unterschiedlichen Zeitpunkten entstanden.
Im Vorderen Orient wurden ab 8500 v. Chr. verschiedene Getreide- und Erbsenarten an-

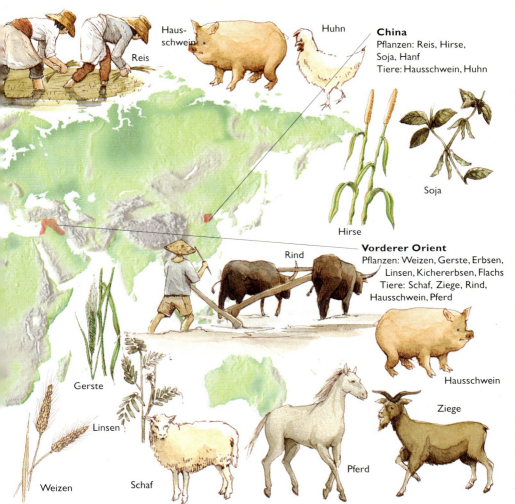

gebaut, außerdem begannen die Menschen Haustiere, Schafe und Ziegen, zu züchten. Tausend Jahre später waren in China Reis und Hirse an der Reihe. In Amerika stammen die ersten Zeugnisse einer Domestikation oder Züchtung von Tieren und Pflanzen erst aus der Zeit um 3 500 v. Chr. In Mittelamerika, in Mexiko, wurden Mais und Bohnen angebaut und der Truthahn gezüchtet. In Südamerika, in den Anden, begann in den Tälern, die von den Höhen bis ins Amazonasgebiet hinabreichen, der Anbau von Kartoffeln und Maniok, das Lama lieferte Wolle und Fleisch und wurde als Transportmittel eingesetzt. Um das Jahr 2 500 v. Chr. erschien dann in Nordamerika, in einem Gebiet im Osten der heutigen Vereinigten Staaten, die Sonnenblume.

Das Schaf
Der asiatische Mufflon war der Vorfahr des Schafes. Dieses ist kleiner, hat kürzere Beine und ein weicheres Fell, das es im Frühling nicht von selbst verliert. Den weiblichen Schafen fehlt meist das Gehörn.

Die Erbsen
Eine wichtige Eigenschaft der Erbse für den Anbau war, dass ihre Schoten sich nicht mehr allein öffneten, um die Samen auszustreuen. Eine vorteilhafte Eigenschaft war ihr hoher Proteingehalt, der zusammen mit dem Protein des Weizens eine vollständige Versorgung sicherte.

DER FRUCHTBARE HALBMOND

Die in dieser Region gezüchteten Pflanzen und Tiere waren für die Ernährung des Menschen so geeignet, dass sie bald nach Europa, Indien und Afrika gebracht wurden. Später gelangten sie auch nach Amerika und Australien.

Aus diesen fünf ursprünglichen Regionen wurde die Neuerung in andere Teile der Welt hinausgetragen, wo dann weitere Tier- und Pflanzenarten gezüchtet wurden. Hirse und Perlhuhn erschienen im Sahel, dem Trockengebiet südlich der Sahara, die Yamswurzel und die Palme in Westafrika, Kaffee in Äthiopien, Hafer in Westeuropa, Auberginen im Industal, und in Ägypten wurde der Esel gezüchtet.

Der Grund für die Revolution

Es gibt allerdings noch viele Fragen hinsichtlich der Entstehung von Landwirtschaft und Viehhaltung. Warum wurde die Lebensform der Jäger und Sammler, bei der man weniger arbeitete und besser aß, aufgegeben zu Gunsten des sehr viel mühsameren Lebens als Bauer. Warum entwickelte sich die Landwirtschaft in einigen Gebieten und in anderen nicht? Warum geschah es zu jenen bestimmten Zeitpunkten? Und warum zogen es in vielen Teilen der Welt andere Völker vor, bei ihrer Lebensform als Jäger und Sammler zu bleiben, obwohl sie Kontakt mit Landwirtschaft betreibenden Gesellschaften hatten?

Bis heute kennen wir keine präzisen Antworten auf diese die wissenschaftliche Debatte belebenden Fragen. Vielleicht war es nicht die freie Entscheidung, die manche menschlichen Gemeinschaften Landwirtschaft und Viehzucht betreiben ließ, sondern sie wurden von verschiedenen Umständen dazu gezwungen. Der Übergang geschah natürlich sehr langsam, verursacht durch viele kleine Entscheidungen im täglichen Daseinskampf, deren Folgen nicht abzusehen waren. Am besten bekannt und erforscht ist in dieser Hinsicht

Die Anfänge der Landwirtschaft
In dem Gebiet, das von der Osttürkei, dem nördlichen Irak, Syrien und Jordanien gebildet wird, entwickelte sich die erste landwirtschaftliche Zivilisation. Wegen seiner Form wird dieses Gebiet auch Fruchtbarer Halbmond genannt.

der Vordere Orient, wo auch die Städte, die Schrift und die großen Reiche geboren wurden, wo die Wiege der Zivilisation stand.

Ein erstes Ereignis, das zur Nahrungsproduktion führte, trat vor rund 12 000 Jahren ein. Die beiden wichtigsten Wildtiere der dortigen Jäger, die persische und die Berggazelle, verschwanden. Sie waren während ihrer Wanderungen in Massen getötet worden, nachdem man sie in große, umzäunte Pferche oder in abgeschlossene Täler gejagt hatte. So verursachte diese äußerst erfolgreiche Jagdmethode das Verschwinden der Beute. Eine andere Nahrungsquelle für die Bevölkerungsgruppen erschloss das Sammeln von wildem Getreide, darunter die Vorläufer des heutigen Weizens und der Gerste, deren Samen man im Unterschied zu vielen anderen Pflanzen lagern kann. In der Folge schränkten die Populationen ihr Nomadentum ein und wurden dann zunehmend sesshaft. Nachdem das Gazellenfleisch nach und nach seltener geworden war, musste man sich immer stärker Getreidesorten wie Weizen und Gerste zuwenden. Damit begann die Züchtung von Pflanzen, die sich bald als ein Weg ohne Umkehr erwies: Mehr, wenn auch schlechtere Nahrung bedeutete eine wachsende Bevölkerung, die jedoch bald so zahlreich wurde, dass sie sich nicht länger wie bisher ernähren konnte. Also gab man die Jagd und das Sammeln von Pflanzen allmählich zu Gunsten von Landwirtschaft und Viehzucht auf. Im Vorderen Orient spiegelt sich die Entwicklung zu stärkerer Sesshaftigkeit auch im Wandel der angebauten Pflanzenarten wider. Vor ungefähr 10 000 Jahren wurden Pflanzen aus Wildsorten gezüchtet, die reichlich vorhanden waren, rasch wuchsen

Die Hirse
Die beiden Hirsearten, die gezüchtet wurden, hatten den Vorteil, dass sie lange Dürreperioden und kalte Winter gut überstehen konnten.

CHINA
Die Landwirtschaft in China begann um 7 500 v. Chr. im Jangtse-Tal, wo ein gemäßigtes Monsunklima herrscht.

Der Hund
China war und ist eines der wenigen Gebiete auf der Welt, wo Hundefleisch ein geschätzter Leckerbissen ist.

Das Hausschwein
Dieses Tier wurde in China unabhängig vom Vorderen Orient gezüchtet. Sein Besitz galt lange Zeit als Zeichen für eine gehobene soziale Stellung.

Die Reisfelder
Reis wird hauptsächlich auf kleinen, künstlich angelegten Feldern angebaut, die drei Viertel des Jahres, das heißt mit Ausnahme der Keimzeit, bis zu zehn Zentimeter mit Wasser bedeckt sind.

und leicht geerntet werden konnten und somit zu einem Nomadenleben passten. Diese Sorten waren Weizen, Gerste, Erbsen, Kichererbsen, Linsen und Flachs.

Erst später, vor rund 6 000 Jahren, kamen die ersten Früchte von Bäumen wie Oliven, Feigen, Datteln, Granatäpfel und Trauben hinzu, deren Reifezeit länger dauert und die nur von sesshaften Bevölkerungsgruppen angebaut werden können.

Die Züchtung von Pflanzen

Der erste Schritt zur Landwirtschaft geschah im Vorderen Orient auch deshalb, weil sich dieses Gebiet am besten dafür eignete. Es war reich an Wildpflanzen und Tieren mit den notwendigen Eigenschaf-

SÜDOSTASIEN
Hier begann man mit der Reiskultur zwischen 5000 und 2000 v. Chr. Der Anbau wurde dadurch begünstigt, dass während der jahreszeitlich wiederkehrenden Monsunregen weite Gebiete überschwemmt wurden, in denen der wilde Vorfahr der heutigen Kulturpflanze gedieh.

Der Reis
Von derselben Familie wie Weizen und Gerste, ist der Reis eines der Hauptnahrungsmittel für mehr als die Hälfte der Erdbevölkerung. Alle fast 250 000 heute existierenden Reissorten stammen von einer einzigen Art ab.

ten. Pflanzen oder Tiere zu finden, die sich züchten lassen, ist nicht einfach.
Äpfel, Birnen, Pflaumen und Kirschen, deren Bäume veredelt werden müssen, eine komplizierte, in China ausgearbeitete Technik, sind erst vor rund 2000 Jahren in Gebrauch gekommen. Die Erdbeere war im Mittelalter eine der letzten domestizierten Pflanzen. Der größte Teil der wilden Pflanzensorten ist nicht essbar, da sie giftige Substanzen enthalten, die sie vor den Pflanzen fressenden Tieren schützen sollen. Auch die Vorläufer unserer heutigen Kulturpflanzen wie etwa Mandeln, Melonen, Kartoffeln und Auberginen waren ursprünglich für den Menschen nicht genießbar. Wenn man sie heute essen kann, dann deshalb, weil eines Tages jemand ein Exemplar fand, das

auf Grund einer genetischen Mutation nicht giftig war. Nur indem man eine der von der Natur selten gewährten Gelegenheiten wahrnahm, konnte der Prozess der »künstlichen Selektion« von Seiten des Menschen in Gang gesetzt werden. Doch andere Eigenschaften, wie diejenigen, die eine Pflanze für den Anbau geeignet machen, sind nicht so offensichtlich und oft sehr viel schwieriger zu erreichen. Das beste Beispiel dafür stellt das Getreide dar. Es benötigte drei Mutationen, um angebaut werden zu können: Die erste Mutation musste dafür sorgen, dass die Getreidekörner nicht mehr sofort aus den Ähren fielen, sondern dort blieben. Die zweite Mutation sorgte dafür, dass die gesäten Samen alle gleichzeitig aufgingen und nicht mehr einer nach dem anderen. Die dritte Mutation verhinderte, dass

Arme Wälder
Die dichten Wälder, die Europa nach dem Ende der Eiszeit bedeckten, beherbergten wenige große Tiere, was die menschlichen Gemeinschaften veranlasste, sich der Landwirtschaft zuzuwenden.

Wie entstand die Landwirtschaft?
Die Wissenschaftler sind sich über den Ursprung der Landwirtschaft in Europa nicht einig. Haben sich im Laufe einer langsamen Expansion zuerst die Bauern in Richtung Nordwesten ausgebreitet oder die landwirtschaftlichen Techniken?

EUROPA
Vor rund 7 500 Jahren kam die Landwirtschaft aus dem Vorderen Orient nach Mittel- und Osteuropa. Sie benötigte weitere 4 000 Jahre, um sich in weiter entfernte Gebiete wie Spanien, die Britischen Inseln oder Skandinavien auszudehnen.

die neuen Sorten sich wieder mit den Wildsorten kreuzten, was zu einem raschen Verschwinden der nützlichen Eigenschaften geführt hätte. Aber durch diese drei neuen Eigenschaften waren die eben eingeführten Sorten nicht mehr in der Lage, sich ohne Eingriff des Menschen fortzupflanzen.

Zwischen den ersten Bauern und dem Getreide bildete sich ein Mechanismus, den die Wissenschaft »koevolutiv« nennt. Die neuen Sorten passten sich den Bedürfnissen des Menschen an und der Mensch passte sich ihnen an. Dieser Vorteil war so groß, dass heute, nachdem die wilden Vorfahren fast ganz verschwunden sind, das Getreide die wichtigste Kulturpflanze der Erde ist. Mit 600 Millionen Tonnen Getreidekörnern, der Welternte eines Jahres, werden Milliarden von Menschen vor dem Hunger bewahrt.

In den Tälern
Die ersten europäischen Bauern siedelten vorwiegend im Schwemmland der Flusstäler, wo der Boden fruchtbar war und keine Bäume wuchsen.

Die Seen
Während der feuchten Epoche wurde die Sahara von breiten Flüssen durchzogen, die von den Bergen kamen. Außerdem gab es zahlreiche Seen, ähnlich dem heutigen Tschadsee, die jedoch alle verschwunden sind.

DER SAHEL
Die Tradition der Rinderzucht besteht noch heute im Sahel, dem großen Trockengebiet zwischen der Sahara und dem Regenwald weiter im Süden.

Die Domestikation der Tiere

Bereits vor rund 15 000 Jahren, vor Einführung von Landwirtschaft und Viehzucht, hatte der Mensch den Hund gezähmt, jedoch nicht als Nahrungsquelle. War es schon schwer, geeignete Pflanzen für den Anbau zu finden, so war die Auswahl der passenden Tiere noch viel schwieriger. Damit ein Tier wirklich nützlich sein kann, muss es mindestens zwei Eigenschaften aufweisen: Es muss mittelgroß bis groß und ein Gras- oder Allesfresser sein.

Die erste Eigenschaft ist nötig, damit das Tier genügend Fleisch liefern kann, die zweite, damit die Züchtung kein »Verlustgeschäft« darstellt. Ein Fleischfresser verschlingt zehn Mal mehr Fleisch, als er selbst produzieren kann. Obwohl 148 Tierarten auf der Welt den genannten Anfor-

Das Rind

Wie die prähistorischen Malereien zeigen, war vor 7 000 – 5 500 Jahren die Rinderhaltung in der Sahara weit verbreitet. Einige Wissenschaftler nehmen sogar an, dass das Rind zuerst in jener Gegend gezüchtet wurde.

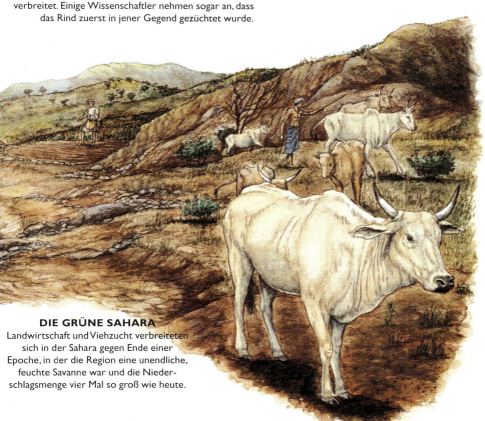

DIE GRÜNE SAHARA
Landwirtschaft und Viehzucht verbreiteten sich in der Sahara gegen Ende einer Epoche, in der die Region eine unendliche, feuchte Savanne war und die Niederschlagsmenge vier Mal so groß wie heute.

derungen entsprechen, wurden nur 14 vom Menschen gezähmt. Darunter sind jedoch nur fünf wirklich wichtige Gattungen, die heute auf der ganzen Welt verbreitet sind. Sie kommen alle aus dem Vorderen Orient, aus dem Gebiet des so genannten Fruchtbaren Halbmondes: Schaf, Ziege, Rind, Schwein und Pferd. Die anderen neun Spezies (Dromedar, Kamel, Lama, Esel, Rentier, asiatischer Büffel, Yak, Banteng und Mithan) werden nur in den Gebieten ihrer ursprünglichen Domestikation gehalten.

Und die andern Tierarten? Keine besitzt alle Eigenschaften, die für ein »Zusammenleben« mit dem Menschen unerlässlich sind und die deshalb in gewissem Maße bereits vorhanden sein müssen, damit die Domestikation beginnen kann. Einige Tierarten wie der Gorilla wachsen zu langsam, eine Zucht ist nicht lohnend. Andere wie das

Das Lama
Es stammt vom Guanako ab und war vor allem in den Zentralanden verbreitet, wo es ein unerlässliches Transportmittel darstellte. Von dem Tier wurde alles verwendet, einschließlich seines Talgs, um Kerzen herzustellen. Der Mist diente als Brennstoff und Düngemittel.

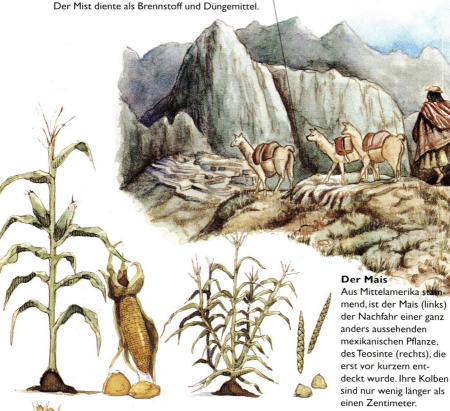

Der Mais
Aus Mittelamerika stammend, ist der Mais (links) der Nachfahr einer ganz anders aussehenden mexikanischen Pflanze, des Teosinte (rechts), die erst vor kurzem entdeckt wurde. Ihre Kolben sind nur wenig länger als einen Zentimeter.

Vikunja, ein Verwandter des Lamas, pflanzen sich in Gefangenschaft nicht fort. Wieder andere haben einen schlechten Charakter, der sie gefährlich werden lässt, so zum Beispiel der afrikanische Büffel oder das Zebra, ein Verwandter des Pferdes. Die Gazellen ertragen es nicht, in einem Pferch eingeschlossen zu sein. Sie geraten in Panik und töten sich gegenseitig beim Versuch zu fliehen. In vielen Fällen funktioniert auch das soziale Leben nicht. Einzelgänger lassen sich nicht zähmen, denn sie ertragen die Anwesenheit anderer Exemplare ihrer Gattung nicht. Tiere mit Herrschaftsanspruch wie der Hirsch können ebenfalls nicht gehalten werden, da unter ihnen die heftigsten Platzkämpfe ausbrechen.

Die Kartoffel
Der Anbau der kälteunempfindlichen Kartoffel ermöglichte es den Andenvölkern, Hochebenen zu besiedeln, die 4600 bis 4900 Metern über dem Meeresspiegel liegen.

Das Alpaka
Es ist eine Lamaart, kleiner und mit dichterem, längerem Fell. Es wurde vor allem zur Wollgewinnung gehalten.

IN DEN ANDEN

Die erste Anden-Landwirtschaft basierte vor allem auf der Nutzung der unterschiedlichen Höhenzonen. Mais, Kürbis, Bohnen und Pfefferschoten wurden auf mittlerer Höhe angepflanzt. Der Kartoffelanbau und die Lamazucht erfolgten in den höher gelegenen Gebieten, auf Hochgebirgsweiden und -äckern, die während des größten Teils des Jahres vereist waren.

Die Jungsteinzeit

In der letzten, kurzen Phase der Vorgeschichte des Menschen, der Jungsteinzeit, beschleunigten die neue Landwirtschaft und Viehzucht die Entwicklung der menschlichen Gesellschaften außerordentlich. Sie führten sie auf den Weg zu jenen hoch komplexen, technischen Gesellschaften, in denen wir heute leben.

Die Entstehung des Dorfes

Die Aufgabe des Nomadenlebens zu Gunsten eines sesshaften Daseins war die erste von der landwirtschaftlichen Revolution verursachte Veränderung. Sie begann sofort, fast noch bevor die ersten Nahrungsmittel produziert wurden. Auch in diesem Fall wissen wir am besten über die Ereignisse im Vorderen Orient Bescheid.

Die ersten Dörfer, wie das von den Archäologen bei Abu Hureyra in Syrien entdeckte, wurden bereits zu der Zeit errichtet, als man noch die Samen wilder Getreidesorten sammelte. Weizen und Gerste wuchsen so reichlich, dass in der Erntezeit im späten Frühling eine Familie mit einfachen Steinsicheln in drei Wochen eine so große Menge ernten konnte, dass sie für ein ganzes Jahr versorgt war. Die

ÇATAL HÜYÜK
Ab 6 200 v. Chr. war Çatal Hüyük in Mittelanatolien über rund tausend Jahre bewohnt. Es ist eines der ältesten von Archäologen entdeckten Dörfer. Die rund tausend Wohnungen bedeckten eine Fläche von 30 Hektar und beherbergten 5 000 – 6 000 Menschen.

Das Handwerk
Die abgebildeten Objekte aus Knochen sind ein Haken mit der entsprechenden Öse und wurden genutzt, um einen Gürtel zusammenzuhalten. Sie sind der Beweis für eine entwickelte handwerkliche Fertigung und bezeugen den Gebrauch echter Kleidung bereits in der Jungsteinzeit.

Die Wohnungen
Jeder Familie standen durchschnittlich 25 Quadratmeter zur Verfügung. Die Wohnungen waren aus rohen Lehmziegeln errichtet, die durch ein hölzernes Rahmenwerk befestigt waren. Der Zugang geschah von oben durch eine Leiter.

Dörfer entstanden, um das Getreide einzulagern, es zu mahlen und zu Mehl und Fladen zu verarbeiten. Die ersten Getreidespeicher waren Erdlöcher, sie wurden mit Lehm ausgekleidet, der durch ein Feuer gehärtet worden war. Die Häuser waren aus Schlammziegeln errichtet, doch zusammen mit den Mühlsteinen stellten sie bereits eine wertvolle Investition dar. Auch in den anderen Gebieten der Domestikation, von China bis Mittelamerika, vom Osten Nordamerikas bis zu den Anden, folgte das Entstehen von Dörfern sofort auf die Einführung der Landwirtschaft. Je mehr die Domestikation von Tieren und Pflanzen voranschritt, umso mehr bestand die Notwendigkeit, immer am selben Ort

DER HANDEL
Die aufgefundenen Handwerksarbeiten beweisen, dass Çatal Hüyük Mittelpunkt eines Handelsnetzes war: Kieselsteine, Obsidian, Marmor, Türkis und Kupfer kamen aus weit entfernten Gegenden wie dem heutigen Syrien und Armenien.

zu leben. Die neue Lebensform, die sowohl neue Möglichkeiten als auch neue Probleme mit sich brachte, veränderte das Dasein der Neu-Bauern radikal, angefangen bei der Nahrung, die sie zu sich nahmen. Für eine Ernährung, in der alle wichtigen Bestandteile enthalten sein sollen, reichen die Getreidesorten nicht aus, die zwar Kohlehydrate enthalten, aber arm an Proteinen sind. Deshalb wurden sie von Anfang an mit Hülsenfrüchten kombiniert, die im Durchschnitt zu 25 Prozent, bei Soja sogar zu 35 Prozent, aus Proteinen bestehen. Diese Kombination findet man in allen Gebieten, in denen die Domestikation stattfand. Im Fruchtbaren Halbmond aß man Weizen und Erbsen oder Gerste und Linsen, in Mittelamerika waren es Mais und Bohnen, in China Hirse und Soja und in den Anden Kartoffeln und Bohnen. Das Fett, den zweiten wichtigen Ernährungsbestandteil, der zuvor vom Fleisch geliefert wurde, erhielt man aus den Sesam-, Lein- und Rübensamen, später dann aus den Oliven.

Die Bevölkerung

Vom qualitativen Gesichtspunkt aus war die neue Ernährung minderwertiger als die vorhergehende, wie Skelettfunde bestätigen, an denen man den Gesundheitszustand der frühen Bewohner erkennen kann. Doch sie war kalorienreicher und es konnte mit ihr eine größere Anzahl von Menschen ernährt werden. In der Jungsteinzeit nahm die Bevölkerung rapide zu. Vor der landwirtschaftlichen Revolution hatte sich die Gesamtbevölkerung durchschnittlich alle

Die Arbeitsstunden
Pflügen, säen, ernten und mahlen erforderten viel Arbeit. Das begünstigte die Entstehung großer Familien, in denen auch den jüngsten Mitgliedern beschwerliche Aufgaben übertragen wurden.

DAS BEVÖLKERUNGSWACHSTUM
Da die Produktion von Nahrung etwas langsamer anstieg als die Bevölkerungszahl, entwickelte sich zwischen den beiden Prozessen ein positiver Zyklus: Um mehr Nahrung zu produzieren, benötigte man mehr Arbeitskräfte, was wieder mehr Nahrung erforderlich machte usw.

Die Milch
Milch war eine wichtige Ergänzung tierischen Ursprungs zur hauptsächlich vegetarischen Ernährung. Außerdem ermöglichte sie ein schnelleres Entwöhnen der Säuglinge von der Muttermilch.

Die Lebenserwartung
Die Sterberate war unter den Bauern höher als unter den Jägern der Altsteinzeit und die Lebenserwartung geringer. Wer jedoch die frühe Kindheit überlebte, erreichte meist das fortpflanzungsfähige Alter.

Haustiere
Durch Hausschweine und Hühner wurde auf den Menschen die Grippe übertragen, deren »wilder« Virus unter den Zugvögeln sehr verbreitet ist.

DER ERSTE KRANKHEITSHERD
Die ersten Infektionskrankheiten entstanden fast alle in Eurasien, wo sich der größte Teil der Haustiere entwickelt hat.

Wiederkehrende Epidemien
Epidemien brachen aus und verschwanden, um dann nach Jahren wiederzukommen. Nach einer Epidemie hatten die Überlebenden Antikörper entwickelt. Die Epidemie konnte also nur erneut ausbrechen, wenn es in der Bevölkerung wieder anfällige Menschen gab wie die inzwischen geborenen Kinder.

170 000 Jahre verdoppelt. Nach der Einführung der Landwirtschaft verdoppelte sie sich alle 2 200 Jahre. Verschiedene Faktoren begünstigten diese Entwicklung, vor allem andere Bedürfnisse als in der Vergangenheit. Die Gruppen der Jäger und Sammler bemühten sich ständig, die Geburtenrate niedrig zu halten, aus Angst, nicht genügend Nahrung für die gesamte Gruppe beschaffen zu können. In der Jungsteinzeit konnte man nicht nur ausreichend Nahrung besorgen, falls genügend Hände für die Arbeit auf den Feldern zur Verfügung standen, man konnte diese Nahrung auch aufbewahren. Deshalb sollten nun mehr Kinder geboren werden. Im Nomadentum waren die Frauen zudem gezwungen gewesen, ihre Kinder ständig bei sich zu haben. Bis das Kind vier Jahre alt war, musste es auf dem Arm mitgenommen werden, was natürlich nur mit jeweils einem Kind möglich war. Das Leben im Dorf dagegen ermöglichte es den Frauen der Jungsteinzeit, mehrere kleine Kinder gleichzeitig großzuziehen, die Milch der Haustiere diente als Nahrung für die Neugeborenen. Die auf Getreide basierende Ernährung beschleunigte – im Gegensatz zur proteinreichen Ernährung zuvor – die Empfängnisfähigkeit der Frau nach einer Schwangerschaft. Die Pausen zwischen den Geburten sanken von vier Jahren auf durchschnittlich zwei Jahre.

Die Infektionskrankheiten

Eine sehr unerfreuliche Begleiterscheinung des Lebens in den Dörfern und zugleich eine der schwerwiegendsten Hinterlassenschaften der Jungsteinzeit ist die Entstehung vieler neuer Infektionskrankheiten, darunter auch solche, die große Epidemien verursachen: Pocken, Grippe, Tuberkulose, Malaria, Pest, Masern und Cholera. Ursprung dieser Krankheiten war die Sesshaftigkeit und das enge Zusammenleben mit den Tieren. Unter diesen Bedingungen sprangen viele Mikroorganismen und Parasiten, die zuvor nur Tiere befallen hatten, auf den Menschen über. Wie die Pflanzen und Tiere passten sie sich ebenfalls dem Menschen an und fanden in ihm sogar einen »idealen« Evolutionsgefährten.

Eine in einer isoliert lebenden Gruppe von Jägern und Sammlern ausgebrochene Epidemie hätte sich nicht ausbreiten können. In den Dörfern dagegen, die durch reisende Händler miteinander verbunden waren, fand eine Infektionskrankheit immer neue Opfer und verbreitete sich unaufhaltsam über ganze Kontinente. Begünstigt wurde die Ansteckung durch die katastrophalen hygienischen Verhältnisse. Die Bauern lebten buchstäblich in ihrem und ihrer Tiere Mist, es gab keine Kanalisation, das Trinkwasser war selten sauber. So brachte uns die Rinderzucht die Masern, deren Virus von der Rinderpest stammt, sowie die Tuberkulose und die Pocken. Den Schweinen verdanken wir den Keuchhusten. Die Waldrodung zur Gewinnung von Feldern schuf das ideale Habitat für die Anophelesmücke, die Trägerin der Malaria. Die Getreidespeicher zogen Mäuse an mit ihrem Gefolge von Läusen und Flöhen, die wiederum Typhus und Pest mit sich brachten. In den Dörfern und später in den Städten starben während einer Epidemie mehr Menschen, als geboren wurden. Diese Situation änderte sich erst vor rund 100 Jahren dank der besseren öffentlichen Hygiene, der Impfseren und der Antibiotika.

Die Kanäle
Um die Landwirtschaft zu ermöglichen, waren umfassende Arbeiten wie die Anlage von Entwässerungsgräben erforderlich. Ohne sie wäre ein Teil des bebaubaren Landes in den Flusstälern nur ein riesiger Sumpf geblieben.

EINE FORTGESCHRITTENE LANDWIRTSCHAFT
Nachdem die Wasserquellen in der Sahara zunehmend versiegt waren, wurde das Niltal zu einem wichtigen Agrargebiet. Zu seiner Nutzung war eine präzise Steuerung der jährlichen Überschwemmungen erforderlich, die fruchtbare Schlammmassen mit sich führten.

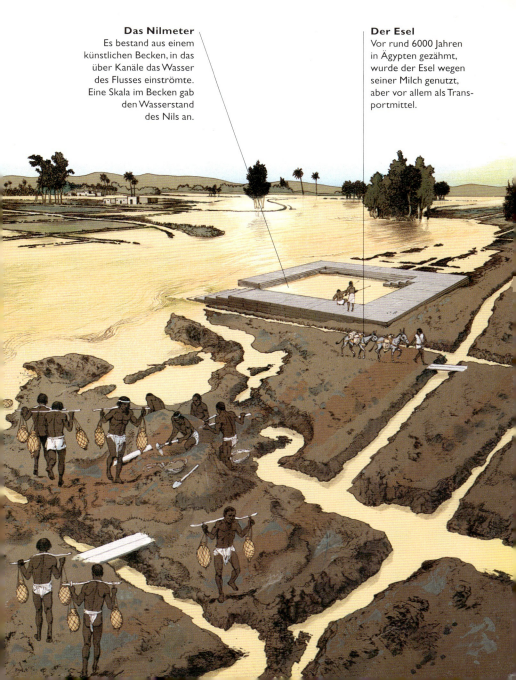

Die Körbe
Körbe jeder Größe und Machart wurden zur Aufbewahrung oder Zubereitung von Lebensmitteln benutzt, als Behälter für Gegenstände des täglichen Gebrauchs und sogar für Flüssigkeiten, wobei die Körbe mit Gips oder Harz wasserdicht gemacht wurden.

DAS FLECHTEN
Die wichtigsten Flechttechniken, ein auf allen Kontinenten bekanntes Verfahren, haben sich nahezu unverändert seit der Jungsteinzeit bis heute erhalten.

Die Seile

Von grundlegender Bedeutung im Bauwesen, bestanden die ersten Seile aus Binsen, Palm- oder Espartofasern, die zuerst zu Garnen und dann zu Litzen zusammengedreht wurden. Zum Schluss schlug man sie in gegensätzlicher Richtung zusammen, damit das Endprodukt sich nicht auflösen konnte.

Neue Technologien

Der Bevölkerungsanstieg und in erster Linie die Fähigkeit, Nahrungsmittel zu lagern, führten zu einer weiteren völlig neuen Erscheinung: die Möglichkeit für einen Teil der Menschen, sich nicht mehr selbst um die Nahrungsbeschaffung zu kümmern. Dies erlaubte es ihnen, sich in anderen Bereichen, zum Beispiel als Handwerker, zu spezialisieren. Die Handwerker schufen neue Generationen von Geräten für den täglichen Gebrauch. Vor allem waren sie die Urheber der beiden großen technologischen Innovationen der Jungsteinzeit: der Herstellung von Keramik und der Kupferbearbeitung. Es handelt sich hier um die ersten Verfahren, die im Unterschied zur Steinbearbeitung die Steuerung verschiedener, doch gleichzeitig und unabhängig voneinander ablaufender Tätigkeiten verlangten. Zudem mussten bei den Verfahren mehrere Personen zusammenarbeiten. Die Tonerde zum Beispiel musste gewaschen und dann in mehreren Behältern geklärt werden, die in der Regel hintereinander auf einer schiefen Ebene standen, sodass Ton von unterschiedlicher Körnung erzielt wurde. Ton von mittlerer Körnung war für die Gefäße bestimmt, die feine Körnung für die Feinbearbeitung, die das Gefäß undurchlässig machte. Natürlicher Lehm ist oft ungeeignet für diese Bearbeitung, deshalb mussten Sand, feiner Kies oder pulverisierter

DIE MATTEN

Die ältesten Beweise für Flechtarbeiten sind die Abdrücke, die von Matten auf dem Lehmboden der Häuser von Jarmo im Nordirak vor rund 9 000 Jahren hinterlassen wurden. Die Matten waren aus Palmfasern gefertigt, mit ihnen wurden Boden und Mauern bedeckt oder sie wurden vor den Türen aufgehängt.

Quarz und Scherben hinzugefügt werden. Dann musste man die Masse mit den Füßen treten, um alle Luftblasen zu eliminieren. Das auf der Drehscheibe geformte Gefäß wurde dann getrocknet, wobei ihm ein Teil des Wassergehalts entzogen wurde.

Das größte technische Problem war das Brennen, von dem die Eigenschaften des fertigen Produktes abhingen. In den ersten Brennöfen, deren Temperatur nicht über 700 Grad betrug, konnte man das Produkt nur trocknen. Dann ging man über zu großen, mit Erde und Zweigen bedeckten Feuerstellen, ähnlich den Meilern der Köhler, die tagelang brannten und dabei eine Temperatur von rund 800 Grad erreichten, die den Ton widerstandsfähig und weniger porös macht. Die echte Keramik erhält man nur mithilfe gemauerter Brennöfen, in deren Innerem eine Temperatur von über 1000 Grad herrscht.

Das Kupfer

In der Jungsteinzeit waren Holz und Stein weiterhin die wichtigsten Materialien, Geräte aus Metall blieben selten. Doch gerade die Bearbeitung des Metalls, zunächst des Kupfers, beweist nicht nur, welche Fertigkeiten die Handwerker vor Tausenden von Jahren bereits hatten, sondern auch, wie vielschichtig die jungsteinzeitlichen Gesellschaften bereits waren.

Kein anderes Material besitzt die enorme Formbarkeit und zugleich Festigkeit und Härte des Metalls, mit dem alle Arten von Geräten und Werkzeugen hergestellt werden konnten. Die Bearbeitung des Metalls geschah nach einem komplexen Verfahren. Zuerst musste die Lagerstätte des Kupfers ausfindig gemacht und dann das Kupfererz

Das Brennen
Während des Brennvorgangs verwandelt sich der Ton in Keramik, ein kompaktes, hartes und wasserfestes Material, ideal für die Aufbewahrung von Flüssigkeiten und Nahrungsmitteln.

Vasen
Sie wurden mit vorwiegend geometrischen Motiven verziert, mit Spiralen oder Mäandern, wie dieser Krug aus der Zeit um 6000 v. Chr., der im Regionalmuseum von Vratsa in Bulgarien aufbewahrt wird.

Die Formung
Der Töpfer gibt einen Klumpen feuchten Tons auf die Scheibe, die sich dreht und eine rasche Formung durch einfaches Berühren mit den Händen ermöglicht.

DIE KERAMIK
Diese Technik tauchte vor rund 9000 Jahren zum ersten Mal im Vorderen Orient auf. Sie wurde auf allen Kontinenten entwickelt, wahrscheinlich, weil das Rohmaterial, der Ton, überall zu finden war.

Die Verzierung
Die Archäologen können Herkunft und Alter der Keramiken an den Verzierungen erkennen, die vor dem Brennen eingeritzt oder nach dem Brennen aufgemalt wurden.

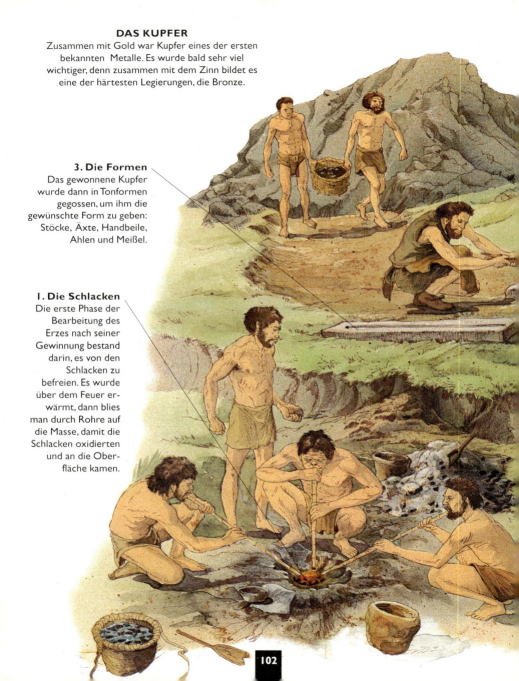

DAS KUPFER

Zusammen mit Gold war Kupfer eines der ersten bekannten Metalle. Es wurde bald sehr viel wichtiger, denn zusammen mit dem Zinn bildet es eine der härtesten Legierungen, die Bronze.

3. Die Formen
Das gewonnene Kupfer wurde dann in Tonformen gegossen, um ihm die gewünschte Form zu geben: Stöcke, Äxte, Handbeile, Ahlen und Meißel.

1. Die Schlacken
Die erste Phase der Bearbeitung des Erzes nach seiner Gewinnung bestand darin, es von den Schlacken zu befreien. Es wurde über dem Feuer erwärmt, dann blies man durch Rohre auf die Masse, damit die Schlacken oxidierten und an die Oberfläche kamen.

DIE KUPFERZEIT

Sie begann vor rund 6 500 Jahren, dauerte ungefähr tausend Jahre und betraf ein Gebiet, das sich vom Balkan bis zur Sinaihalbinsel erstreckte. Sie war die letzte Phase der Jungsteinzeit, denn neben den Kupfergeräten wurden weiter Steinwerkzeuge in großer Menge verwendet.

2. Das Schmelzen
Damit sich das aus dem Bergwerk gewonnene blaue Kupfermineral in Kupfermetall verwandeln konnte, musste es auf eine Temperatur von 1083 Grad erhitzt werden.

gewonnen werden. Der Gießer verarbeitete darauf dieses Erz in speziellen Öfen zu Metallformen. Händler brachten diese Formen an andere, oft weit entfernte Orte, wo ein zweiter Bearbeitungsprozess begann. Der Schmied schmolz die Metallformen und leitete das Metall in die Gussform. Oft war es dann die Aufgabe eines weiteren Handwerkers, den Gegenstand durch Hämmern, Löten und Gravieren zu vervollständigen und zu verschönern.

Entscheidend für die Entwicklung der neuen Technologien war das sesshafte Leben, denn es konnten Güter wie Öfen, Töpferscheiben oder massive Geräte angesammelt werden, die nur schwer zu transportieren sind. Alles, was zuvor ein Jäger und Sammler besessen hatte, war das, was er mit sich tragen konnte. Damit sich eine neue Erfindung behaupten kann, muss immer eine Reihe von Voraussetzungen gegeben sein, ohne die sie schnell vergessen wird. Das beste Beispiel dafür ist das Rad. Seine frühesten archäologischen Zeugnisse sind 5 400 Jahre alt und wurden am Schwarzen Meer gefunden. Von dort aus hat sich das Rad sehr schnell in Europa und Asien verbreitet. Es ist sogar möglich, dass schon zuvor jemand an einen Gegenstand dieser Art gedacht hatte, denn auch in Mexiko wurde ein Rad erfunden, das jedoch nur als Spielzeug diente.

Damit das Rad sich durchsetzen und neue Transportmittel aufkommen konnten, war eine wesentliche Komponente nötig: ein Tier, stark genug, um einen Karren zu ziehen. Ein Tier mit diesen Eigenschaften wurde erst vor rund 6 000 Jahren in Zentralrussland gezähmt, das Pferd. Sein Schicksal sollte sich nicht auf das Ziehen von Karren und den Transport von Personen beschränken. Es wurde bald das wirksamste Kriegsgerät, das es bis zum Aufkommen der Feuerwaffen im Spätmittelalter blieb. Doch der organisierte Krieg verlangt Gesellschaften, die mehr oder weniger in Staaten funktionieren.

Die Entstehung der Ungleichheiten

Auch die Staaten, wie wir sie heute kennen – mit politischen Führern, gegliederten Gesellschaften, mit Militär, Polizei, Steuern und großen, öffentlichen Aufgaben – sind das Ergebnis von Prozessen, die von der landwirtschaftlichen Revolution in Gang gesetzt wurden.

Der Übergang von der Gruppe zum Staat ist jedoch das Resultat einer langen Entwicklung, die von den Anthropologen der Einfachheit halber in vier Phasen unterteilt wird. Wir kennen auch die ersten Phasen, denn einige Fälle existieren noch oder existierten bis vor kurzem in verschiedenen Regionen der Welt.

JERICHO
Im Jordantal neben einigen nie versiegenden Quellen erbaut, war die Hauptaufgabe der Stadt die Kontrolle über das im Toten Meer gewonnene Salz. Es lebten 2000 Menschen in Jericho. Die beeindruckenden Mauern und Türme lassen eine zumindest elementare übergeordnete Entscheidungsgewalt vermuten.

Die Landwirtschaft
In diesem wüstenähnlichen Gebiet wurde der Anbau von Getreide nur durch Bewässerungsanlagen möglich, die zu den ältesten bekannten Anlagen zählen.

Am Anfang gab es die Rotte von Jägern und Sammlern, in der die einzige Arbeitsteilung auf Alter oder Geschlecht beruhte. Jedes Mitglied der wenige Dutzend Personen zählenden Rotte konnte und musste alle Arbeiten verrichten, jedes war bewaffnet, die Entscheidungen wurden gemeinsam getroffen. Das Ende des Nomadenlebens, die Möglichkeit, Nahrung anzusammeln, und der Bevölkerungsanstieg führten die menschlichen Gemeinschaften allmählich zu einer anderen Entwicklung.

Die zweite Phase ist die des Stammes, einer Gruppe von einigen Hundert Menschen, die, miteinander verwandt oder verschwägert, in einzelne, gleichrangige Familienclans unterteilt sind. Im Stamm, in dem es keine Polizei und keine Abgaben gibt, kann ein einzelner Mensch dank seiner Persönlichkeit zum Häuptling aufsteigen, der Entscheidungen treffen und Konflikte lösen kann. Sein Amt ist nicht erblich. Sobald die Gesellschaft aber größer wird und einen Umfang von mehreren Tausend Mitgliedern

Die Mauern von Jericho
Um 6000 v. Chr. errichtet, waren sie vermutlich zwei Meter dick und fünf Meter hoch, unterbrochen von acht Meter hohen Türmen mit einem ebensolchen Durchmesser. Sie waren vielleicht das erste große »öffentliche Werk« der Menschheit.

erreicht, wird es immer schwieriger, Konflikte zu lösen, und fast unmöglich, gemeinsame Entscheidungen zu treffen.

Damit verwandelt sich die Gesellschaft in ein *chiefdom* oder »Häuptlingstum«. Von dieser Form existierten bis vor wenigen Jahrhunderten zahlreiche Beispiele im Osten der heutigen Vereinigten Staaten, in Schwarzafrika und in Polynesien. In dieser Phase werden die Ausübung der Macht und die Entscheidungsgewalt einem offiziell anerkannten Häuptling übertragen, dessen Titel erblich ist und dem eine formelle Ehrfurchtsbezeigung geschuldet wird – auf Hawaii zum Beispiel die Verbeugung. Der Häuptling des *chiefdom* stützt sich auf Unterhäuptlinge, denen er die Ausführung besonderer Aufgaben anvertraut; dazu gehört das Eintreiben der Abgaben, die zum Teil wieder unter den Untertanen verteilt und zum Teil von den Herrschenden einbehalten werden.

Klassengesellschaft

Somit ist die Gesellschaft nunmehr in »Klassen« unterteilt, einschließlich der führenden Militärkaste. Den offensichtlichsten Beweis dafür liefern die Grabstätten. In den Gräbern der Häuptlinge fanden die Archäologen die ersten Luxusgüter, wie die aus Tausenden von bunten Federn gefertigten Mäntel in Hawaii oder Schmuckstücke in Europa. Auf Grund einer immer komplexeren Organisation wurde es möglich, erste öffentliche Bauten wie Bewässerungsanlagen oder Tempel zu erstellen, erste Militärexpeditionen durchzuführen oder auch Handel über große Distanzen zu treiben. Die ersten Staaten sollten nun bald entstehen. Die Bauern und ihre Nachfahren standen bereit, die Welt zu erobern.

Die Megalithdenkmäler
Während der Jungsteinzeit wurden in Europa und im Mittelmeerraum Dutzende von Monumenten aus manchmal riesigen Steinen, den Megalithen, errichtet: Tempel, Kreise und Steinreihen, Dolmen und Menhire. Ihre Bedeutung bleibt rätselhaft. Auf dem Foto das Grab von Newgrange in Irland aus dem Jahr 2500 v. Chr.

Der Bau
Zwischen 3100 und 1500 v. Chr. errichtet, war dieser Bau eine für jene Zeit erstaunliche Leistung.

STONEHENGE

Kein Dokument und keine mündliche Überlieferung berichten uns über die Funktion von Stonehenge, dem größten Megalithmonument der Britischen Inseln. Vermutlich war es eine religiöse Kultstätte.

Ein jungsteinzeitlicher Kalender

Die Linie vom zentralen Altarstein zu einem großen Monolithen außerhalb des Kreises, dem »Heel Stone«, gibt den Sonnenaufgang zur Sommersonnenwende an. Deshalb hat man angenommen, dass Stonehenge ein Jahreszeitenkalender war.

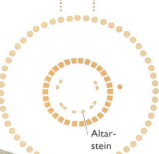

Heel Stone

Altarstein

Die Steine

Jeder Stein im äußeren Kreis wiegt rund 50 Tonnen, in den inneren Zirkeln etwa vier Tonnen. Alle stammen aus einem 385 Kilometer entfernten Steinbruch.

Das Ende der Vorgeschichte

In den letzten Jahrtausenden haben die Agrarvölker fast überall auf der Welt die Menschen unterworfen, die noch auf der Stufe der Steinzeit geblieben waren. Diese sind heute jedoch die Bewahrer der ältesten Geschichte der Menschheit und zugleich die Hüter des Geheimnisses vom Leben im Einklang mit der Natur.

Die Kolonisation durch die Europäer

Als vor 12 000 Jahren die letzte Eiszeit zu Ende ging und die Landwirtschaft anfing sich zu entwickeln, lebten alle Bewohner der Erde von der Jagd und dem Sammeln von Kräutern und Samen. Vor fünf Jahrhunderten, zum Zeitpunkt der Ankunft der Europäer in Amerika, führten nur noch 25 Prozent der Weltbevölkerung diese Lebensform auf 70 Prozent der Landfläche der Erde. Heute sind weniger als ein Prozent der Weltbevölkerung Jäger und Sammler, die meisten von ihnen leben in den unwirtlichsten Gegenden des Planeten, wie in den Wüsten Südafrikas und Australiens oder in der arktischen Tundra.

Die Ausbreitung der Völker, die Landwirtschaft und Viehhaltung kannten und die sich bald in Staaten organisierten, begann fast sofort. Die Bauern aus dem westlichen Asien verbreiteten sich in Europa, die Chinesen in einem großen Teil des

Die letzte Überlebende
1876 starb Truganini, die letzte Tasmanierin. Ihr Skelett wurde bis 1947 in einem Museum in Tasmanien aufbewahrt.

10 000 Jahre Isolation
Seit dem Ende der letzten Eiszeit, als sich der Meeresspiegel hob, lebten die Bevölkerungsgruppen Tasmaniens völlig isoliert von der restlichen Welt. Sie verfügten über äußerst primitive Werkzeuge aus Holz und Stein und kannten nicht einmal den Gebrauch des Feuers.

TASMANIEN
Die große Insel südlich von Australien wurde von englischen Siedlern zu Beginn des 19. Jahrhunderts erreicht, als dort rund 5 000 Ureinwohner lebten. Im Laufe weniger Jahrzehnte und nach systematischen Ausrottungsfeldzügen waren sie ausgestorben.

Fernen Ostens, die Bantuvölker in Afrika südlich der Sahara, während in Amerika die Inkas und Azteken ihre großen präkolumbischen Reiche schufen. Es waren jedoch die Europäer, die der Vorgeschichte in einem großen Teil der Welt ab dem 16. Jahrhundert ein Ende bereiteten. Im Laufe der ersten beiden Jahrhunderte nach Kolumbus' Entdeckung besiedelten die Spanier und Portugiesen Mittel- und Südamerika. Die Engländer und Franzosen besetzten einen Teil des östlichen Nordamerika. Zur selben Zeit gründeten die Holländer eine Kolonie auf einigen südostasiatischen Inseln und die Spanier eroberten die Philippinen. Die Russen erschlossen die endlosen Weiten Sibiriens und Alaskas.

Ende des 18. Jahrhunderts trieben vor allem die Engländer die europäische Kolonisation voran, sie besiedelten Australien und Neuseeland und zusammen mit den Franzosen nahmen sie die pazifischen Inseln in Besitz.

Die Jagd auf Aborigines
Der Völkermord an den Tasmaniern erfolgte sowohl von Seiten der englischen Polizei als auch durch Kopfgeldjäger als »Jagd auf Aborigines«. Die Regierung bot fünf Pfund für jeden Erwachsenen und zwei für jedes Kind.

Im 19. Jahrhundert besiedelten Europäer den westlichen Teil Nordamerikas und es begann die Aufteilung Afrikas unter den damaligen Kolonialmächten. Die Europäer hatten überall leichtes Spiel mit der einheimischen Bevölkerung, nicht nur wegen ihrer organisatorischen und militärischen Überlegenheit, wie das in Afrika der Fall war, sondern vielmehr dank einer Geheimwaffe, den Infektionskrankheiten. Ihnen gegenüber waren die Ureinwohner Ozeaniens und der Neuen Welt vollkommen schutzlos, denn sie hatten die notwendigen Antikörper noch nicht entwickeln können. Allgemein meint man, dass Nordamerika bei Ankunft der Europäer ein fast unbewohnter Kontinent war. Jüngste Studien haben jedoch gezeigt, dass zu jener Zeit mindestens 20 Millionen Menschen dort lebten. Ein großer Teil dieser Bevölkerung starb bereits in den ersten Jahrzehnten des 16. Jahrhunderts – Ähnliches sollte in jenen Gebieten passieren, die von den Europäern erst zwei oder drei Jahrhun-

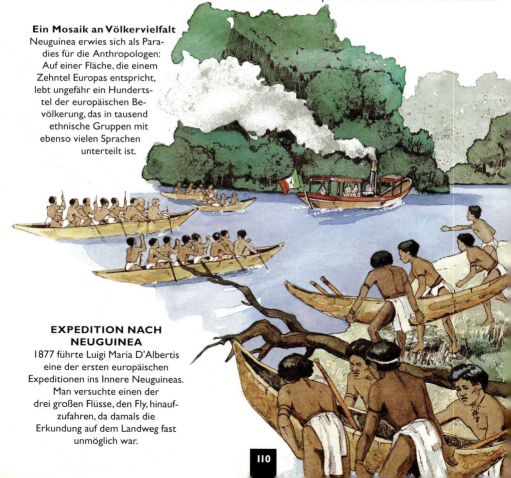

Ein Mosaik an Völkervielfalt
Neuguinea erwies sich als Paradies für die Anthropologen: Auf einer Fläche, die einem Zehntel Europas entspricht, lebt ungefähr ein Hundertstel der europäischen Bevölkerung, das in tausend ethnische Gruppen mit ebenso vielen Sprachen unterteilt ist.

EXPEDITION NACH NEUGUINEA
1877 führte Luigi Maria D'Albertis eine der ersten europäischen Expeditionen ins Innere Neuguineas. Man versuchte einen der drei großen Flüsse, den Fly, hinaufzufahren, da damals die Erkundung auf dem Landweg fast unmöglich war.

derte später erreicht wurden – auf Grund einer von den Spaniern eingeschleppten Pockenepidemie, die sich von den karibischen Inseln wie ein Lauffeuer über den ganzen Kontinent ausbreitete. Man hat errechnet, dass in den zwei Jahrhunderten nach Kolumbus' Landung im Jahre 1492 in der Neuen Welt fast 95 Prozent der Ureinwohner Amerikas ausgelöscht wurden. Das Gleiche passierte später in Australien und auf den Inseln des Pazifiks. Die Aneignung des Landes durch die Eroberer, Sklaverei und wirtschaftliche und politische Abhängigkeit taten ein Übriges. Überall wurde die einheimische Kultur überwältigt, in vielen Fällen verschwand sie völlig.

Die Wiederentdeckung der Vorgeschichte

Um die Mitte des 19. Jahrhunderts begann die Wissenschaft damit, den Ursprung der Menschheit zu erforschen. Die ersten Knochen eines frühen Hominiden wurden 1856 im Neandertal bei Düsseldorf gefunden,

ÜBERRASCHUNG AUF DEN HOCHEBENEN

Man hielt die Hochebenen Neuguineas für unbewohnt, bis am 23. Juni 1938 der amerikanische Biologe Richard Archbold mit dem Flugzeug darüber hinwegflog. Dabei entdeckte er Feuer und Siedlungen von Menschen, die seit Jahrtausenden völlig abgeschnitten vom Rest der Welt dort gelebt hatten.

doch wurden sie nicht als solche erkannt. Nachdem Charles Darwin seine Hypothese über die Evolution des Menschen veröffentlicht hatte, fand der holländische Arzt Eugène Dubois in Java die Reste eines Hominiden, den er Pitecanthropus erectus nannte. Die wichtigsten Entdeckungen geschahen jedoch in Afrika, wo Raymond Dart die ersten Funde eines Australopithecus machte. Die Entdeckung wurde 1925 veröffentlicht, von der Wissenschaft jedoch erst 20 Jahre später als solche akzeptiert.

In den Fünfziger- und Sechzigerjahren begann die große Zeit der Paläanthropologen, vor allem in Ostafrika, wo legendäre Persönlichkeiten wie das Ehepaar Louis und Mary Leakey Aufsehen erregende Entdeckungen machten. 1960 fanden sie in der Schlucht von Olduvai in Tansania die ersten Reste des Homo habilis und 1974, ebenfalls in Tansania, die berühmten, 3,7 Millionen Jahre alten Fußspuren von Laetoli. Die Forschungen des Ehepaares wurden durch ihren Sohn Richard fortgesetzt. Er fand 1984 in der Nähe des Turkanasees in Kenia einige besonders gut erhaltene Skelette des Homo erectus. Man war auf der Suche nach dem ältesten Hominiden, dem berühmten Missing link, dem »fehlenden Glied«. 1973 entdeckte Donald Johansson im Gebiet von Hadar in Äthiopien »Lucy«, das fast komplette Skelett eines Hominiden, das 3,5 Millionen Jahre alt ist. Während man in den Sechziger- und Siebzigerjahren vor allem die ältesten Epochen der menschlichen Entwicklungsgeschichte beleuchtete, konzentrierten sich die Wissenschaftler mit Beginn der Achtzigerjahre auf die jüngeren Phasen. Nun kam dem Studium der Überreste die Molekularbiologie zu

DIE FAMILIE LEAKEY

Über 30 Jahre lang waren das Ehepaar Louis und Mary Leakey und ihr Sohn Richard in Kenia und Tansania tätig. Sie gehören zu den Hauptfiguren in der Ahnenforschung der modernen Menschheit. Mit ihren Büchern und Zeitungsartikeln haben sie dazu beigetragen, das Wissen über unsere Vorfahren zu verbreiten.

Olduvai
In dieser großen Schlucht in Tansania fanden die Leakeys die Reste des Homo habilis und seine Steinwerkzeuge. An den Ufern eines Sees aufgehäuft und von Wasserablagerungen und vulkanischer Asche überdeckt, kamen sie erst wieder ans Tageslicht, als sich die Trockenschlucht vor ungefähr 500 000 Jahren auf Grund geologischer Verwerfungen öffnete.

Die Ausgrabungen
In den modernen Ausgrabungsstätten wird jedes noch so kleine Zeugnis sorgfältig registriert, denn auch die unscheinbarsten, von Tierknochen bis zu mikroskopisch kleinen Blütenpollen, können den Wissenschaftlern helfen, die Welt unserer Vorfahren zu rekonstruieren.

Hilfe. Sie lieferte die entscheidenden Beweise dafür, dass die Entwicklung des modernen Homo sapiens vor 200 000 – 100 000 Jahren allein in Afrika begonnen hat. Die neuen Techniken unterstützten Paläanthropologen und Archäologen entscheidend bei der Erforschung prähistorischer Fundstätten in allen Kontinenten.

Dank präziserer geologischer Stratigrafien, dank der Radiokarbonmethode und der Thermoluminiszenz wurde endlich eine genaue Datierung der Funde möglich. Das Studium der Blütenpollen machte eine Rekonstruktion der alten Flora möglich. Durch die Untersuchung der Tierknochen erkannte man die bei Jagd und Tötung der Tiere angewandten Techniken. Die Erforschung der Materialien gab Auskunft über die alten Handelswege. Einige Forscher versuchten, prähistorische Technologien wieder zum Leben zu erwecken, indem sie selbst Steine bearbeiteten, Knochenspitzen herstellten und Metalle mit den damals bekannten

ENTDECKUNG IN DEN ALPEN

Am 19. September 1991 waren Helmut und Erika Simon, zwei Bergsteiger aus Deutschland, auf dem Similaungletscher in den Ötztaler Alpen unterwegs, als sie die Überreste eines Menschen zusammen mit einigen seltsamen Gegenständen aus Fell und Birkenrinde aus dem Eis hervorragen sahen. Es war die Mumie eines vollkommen bekleideten und ausgestatteten Menschen.

Der »Ötzi« vom Similaungletscher
Die Untersuchung der Reste ergab, dass der Mann ungefähr 45 Jahre alt, nicht besonders groß, doch schlank und muskulös war. Er hatte vor rund 5300 Jahren gegen Ende der Jungsteinzeit gelebt. Sein Gesundheitszustand war gut, aber er litt unter Arthrose und seine Lungen waren schwarz vom Ruß des Herdfeuers.

Werkzeugen förderten. Aus den Skeletten haben die Paläopathologen erfahren, was unsere Vorfahren aßen, woran sie erkrankten und in welchem Alter sie starben.

Auch die heute noch existierenden steinzeitlichen Bevölkerungen von Jägern und Sammlern in den entferntesten Gebieten der Welt wurden seit dem Ende des 19. Jahrhunderts studiert. Man organisierte die ersten ethnologischen Expeditionen. Während monatelanger Aufenthalte dokumentierten die Wissenschaftler jeden Aspekt im Leben des betreffenden Volkes, einschließlich seiner Mythen, Sprache und Kenntnisse. Zum ersten Mal hatten die Nachfahren der frühen Bauern die Möglichkeit, vom Leben eines anderen Teils der Menschheit Kenntnis zu erhalten, und sei es auch nur durch die in den Museen ausgestellten Gegenstände. Der Vergleich zwischen unterschiedlichen Völkern ließ viele Aspekte der menschlichen Gattung in einem neuem Licht erscheinen: angefangen von den Mechanismen der Verwandtschaftsverhältnisse

Die Kleidung
Bei seinem Tod trug der Unbekannte Unterwäsche, Beinschienen und eine Jacke aus Ziegenfell, einen Gürtel aus Kalbsleder, Schuhe aus Rind- und Hirschleder, einen Mantel gegen den Regen aus geflochtenem Stroh und Binsen und eine Mütze aus Bärenfell.

Die Werkzeuge
Mit sich trug er einen Bogen aus Eibenholz, einen Köcher aus Ziegenfell mit 14 Pfeilen, die eine Spitze aus Kieselstein hatten, einen Meißel aus Hirschhorn, eine Kupferbeil, einen Steindolch, einen Rucksack aus Haselnussholz und zwei Behälter aus Birkenrinde.

bis zum Ursprung der politischen Systeme, von der Geburt der Kulturen bis zur Bedeutung der Mythen, von der Rolle der Geschlechter bis zur Entwicklung der Sprachen. Diese Studien bereicherten die europäische und amerikanische Kultur. Sie beweisen auch, wie gewisse Aspekte und Werte, die man zuvor als universal betrachtet hatte, in Wirklichkeit von den einzelnen Kulturen geschaffen wurden, da andere Zivilisationen wiederum völlig andere Werte haben. Berühmt wurden in dieser Hinsicht die Studien der amerikanischen Anthropologin Margaret Mead über das Sexualleben der jungen Leute auf Samoa oder des Anthropologen Bronislaw Malinkowski über die sozialen Einrichtungen auf den Trobriand-Inseln im westlichen Pazifik.

In Gegensatz dazu versuchten andere Wissenschaftler jene grundlegenden Merkmale im Verhalten der Menschen ausfindig zu machen, die der ganzen Menschheit gemein sind, da sie vom genetischen Erbgut diktiert sind und nicht Ergebnisse einer Kultur darstellen. Dies war das Anliegen des bekannten deutschen Zoologen Irenäus Eibl-Eibesfeldt, des Gründers der Verhaltensforschung über den Menschen.

Lebendige Vorgeschichte

Leider können die Bemühungen der Wissenschaftler weder die verschwundenen Völker noch ihre Kulturen ins Leben zurückrufen. Mit ihnen sind alle Mythen und Religionen für immer verschwunden, alle Kenntnisse über die Natur, alle nur mündlich überlieferten Erzählungen und Gedichte. Manchmal haben wir noch einen letzten Blick auf diese vergangenen Welten werfen können, wie im Fall von Ishi, dem

BRONISLAW MALINOWSKI
Der Wissenschaftler polnischer Herkunft gehört zu den Begründern der modernen Anthropologie. Er studierte die Völker Ozeaniens, vor allem Neuseelands und der Trobriand-Inseln, und analysierte ihr gesellschaftliches und sexuelles Leben. Er war lange Zeit Dozent an Universitäten in Großbritannien und in den Vereinigten Staaten.

letzten »wilden« Indianer Nordamerikas. Ishi gehörte zum Stamm der Yahi in Nordkalifornien, der von den europäischen Siedlern zwischen 1853 und 1870 fast völlig niedergemetzelt wurde. An den Hängen des Mount Lassen versteckten sich 1870 die letzten 16 Überlebenden. 1908 war Ishi als Letzter noch am Leben und

Auf den Trobriand-Inseln
Die Verteilung der Yamswurzel durch einen Häuptling gab Aufschluss über das Niveau der politischen Entwicklung dieser Bewohner der Inseln nördlich von Australien. Es lag etwas über dem Niveau eines Stammes.

DIE EINSAMKEIT DES ANTHROPOLOGEN
In seinen Tagebüchern schrieb Malinowski viel über das Gefühl der Einsamkeit, das er während der Zeit bei den Ureinwohnern verspürte. Er lebte zwischen 1915 und 1918 insgesamt mehr als zwei Jahre auf den Trobriand-Inseln.

Die Methode
Malinowski verdanken wir die Perfektion der ethnologischen Methoden, die er durch Feldstudien vor Ort erreichte. Dabei zeichnete der Wissenschaftler alle Mythen und Gebräuche auf, indem er sich direkt am Ablauf des täglichen Lebens beteiligte.

Die Pygmäen
Die Isolation, in der dieses Volk die letzten 5000 Jahre gelebt hat, machte es äußerst interessant für genetische Studien. Die Anpassung an den afrikanischen Regenwald führte auch zu dem kleinen Körperwuchs dieses Volkes. Die durchschnittliche Größe der Männer liegt bei 143 Zentimetern, die der Frauen bei 137 Zentimetern.

Begegnungen im Wald
Mit Salz und Seife als Geschenken und mit ihrem Angebot, einige Krankheiten zu heilen, gelang es dem Italiener Cavalli Sforza und seinen Mitarbeitern, in freundschaftlichen Kontakt zu den Pygmäen zu treten. Er sammelte Blutproben von mehr als 1500 Menschen an 30 verschiedenen Orten.

LUIGI LUCA CAVALLI SFORZA
1966 ging der italienische Genetiker nach Zaire, um bei den Pygmäen Blutproben zu entnehmen. Damit wollte er ihre genetische Konstitution studieren. Es war der Anfang einer dreißigjährigen Forschungstätigkeit, die ihn zu Dutzenden anderer Populationen führte. So konnte er den Stammbaum der Menschheit rekonstruieren.

 drei Jahre später, am 29. August 1911, stellte er sich der Welt der Weißen. Die Zeiten hatten sich inzwischen geändert, er wurde nicht getötet, man brachte ihn in das Museum der University of California in San Francisco. Dort verbrachte er die letzten fünf Jahre seines Lebens und erzählte den Anthropologen alles, was er vom Leben seines Stammes noch wusste.

Auch heute könnte es noch geschehen, dass man mit kleinen, bisher unbekannten Gruppen von Jägern und Sammlern in Berührung kommt. Zwei der letzten Erstkontakte kamen Ende der Siebzigerjahre in Neuguinea und in der westlichen Wüste Australiens zu Stande. Wir wissen jedenfalls, dass von den rund 7000 Ethnien oder Völkern, die heute noch auf der Welt existieren, fast die Hälfte vom Aussterben bedroht ist, nachdem sie Tausende von Jahren überlebt haben. Es handelt sich hierbei um sehr kleine Gruppen von wenigen Hundert, ja manchmal nur einigen Dutzend Mitgliedern. So stehen die Indios des Amazonasgebietes vor dem Aussterben, die Eingeborenen der Andamanen im Indischen Ozean, die Negritos auf den Philippinen, die Hadza in Tansania, die Pygmäen im Dschungel Zentralafrikas, verschiedene Stämme in Malaysia und viele andere.

Die Gefahr für die wenigen Überlebenden besteht heute nicht mehr wie in der Vergangenheit im physischen Aussterben, sondern vielmehr in ihrem kulturellen Erlöschen in einer Welt, die, globalisiert von der Macht der Wirtschaft und des Geldes, immer kleiner und homogener wird. Es gibt kein beredteres Zeugnis über den Verlust an kultureller Vielfalt auf unserem Planeten als das unaufhaltbare Verstummen der Sprachen,

Der Fischfang

Die wichtigste Sommertätigkeit der Inuit von Bathurst Inlet ist der Fang des Saiblings, welcher der Forelle ähnelt. Dazu kam in jüngster Zeit die Aufnahme von Touristen auf der Suche nach unberührter Natur und der Verkauf einheimischer handwerklicher Produkte.

Zwischen Vergangenheit und Gegenwart

Die Inuit von Bathurst Inlet, einer kleinen Bucht an der kanadischen Atlantikküste, fischen und stellen Fallen wie ihre Vorfahren. Doch sie benützen moderne Kleidung, Geräte und Transportmittel: Schneekatzen im Winter und Motorboote im Sommer.

denn zusammen mit einer Sprache verschwindet die gesamte Kultur, der diese Sprache eine Stimme verliehen hat. Die Sprachwissenschaftler schätzen, dass von den rund 5 000 heute auf der Welt noch gesprochenen Sprachen mehr als die Hälfte in den kommenden hundert Jahren verschwinden wird. Zum Glück gibt es hin und wieder auch Hoffnungsschimmer. In den Vereinigten Staaten, in Kanada und in Australien konnten viele einheimische ethnische Gruppen erleben, dass ihre Ansprüche auf die von ihren Vorfahren bewohnten Gebiete vom Gesetz anerkannt wurden. Einige Stämme in Nordamerika leben heute vom Verkauf von Bodenschätzen und Erdöl. Andere dagegen, wie manche australische Aborigines, haben beschlossen, sich vor dem Rest der Welt abzuschotten und zum Teil ihr traditio-

DIE INUIT
Früher wurden sie Eskimos genannt. Sie sind die Ureinwohner der arktischen Gebiete Nordamerikas, wohin sie vor 10 000 – 8 000 Jahren gelangten. Sie leben zum größten Teil in festen, mit den wichtigsten Bequemlichkeiten der modernen Welt ausgestatteten Siedlungen.

nelles Leben wieder aufzunehmen. Insgesamt betrachtet ist die Rettung der Kultur der alten Völker ein Wettlauf gegen die Zeit und wir alle laufen Gefahr, in diesem Wettlauf zu unterliegen und keine Antworten auf Fragen von ungeahnter Bedeutung zu finden. Eine der wichtigsten Fragen ist die, wie man ein friedliches Zusammenleben mit der Natur unserer Erde erreichen kann. Wenn die ersten 100 000 Jahre in der Geschichte des Homo sapiens nur ein Tag wären, dann hätten wir bis um 23.54 Uhr als Jäger und Sammler gelebt. Und wenn wir bei dieser späten Stunde angelangt sind, ohne unser natürliches Umfeld, von dem unser Überleben abhängt, allzu sehr zu verändern, dann bedeutet das, dass die alten Völker ein Wissen bewahren, das wir »zivilisierten« Völker erst erlernen müssen, um unser Weiterleben zu sichern.

Register

Fette Zahlen verweisen auf die Bildunterschriften

A
Abholzung **74**, 96
Aborigines **32**, 108, 119 f.
Abu Hureyra 90
Äcker **89**
Affe 6, **6**, 8, **53**
Afrika **10**
– aufrechter Gang 9
– Australopithecus 10
– *chiefdom* 106
– Jäger und Sammler 42, 108
– Klimaveränderung **10 f.**, 13
– Kolonialisierung 110
– Homo erectus **16**, 18
– Homo sapiens 10, 22, **22 f.**, 30 f., 33, 36
– Kunst 59, **62**, 64, 66, 70
– Sprachen 40
– Ureinwohner **38**, **118**, 119
Ägypten
– Landwirtschaft und Viehzucht 79, **96 f.**
Alaska **48**
– Bevölkerung **34**
– Erschließung 109
Alpaka **89**
Alpen **114**
Altamira, Höhle von 60, **60**, **63**
Alter 21, 28, 71
Altsteinzeit, Jüngere 26, **27**, **44**, 58, 93
– Magdalénien **60**
Amazonien 31, **52 f.**, **75**, 119
– Eingeborene 31, **53**, **75**, 119
– Kunst 70
– Landwirtschaft und Viehzucht **76**, 77
– Machiguenga **75**
Amerika **50–57**, 56
– Besiedlung **34 f.**, 56
– *chiefdom* 106
– Eingeborene 31, **35**, 36, **38**, **53**, **56 f.**, **75**, **89**, 111, 116, 119 f.
– Entdeckung 109
– Homo sapiens 36, **46 f.**
– Kolonialisierung **54 f.**, 109–111, 116, 119
– Kunst **69**, 70
– Landwirtschaft und Viehzucht 76, **76**, 77, **79**, 91 f.
– präkolumbische Reiche 109
– Sprachen **40 f.**
Ananas **76**
Anatolien
– Anfänge des Dorfes 90
Andamanen
– Eingeborene 119
Anden
– Bevölkerung **38**, **89**
– Landwirtschaft und Viehzucht **76**, 77, **88 f.**, 92
Angelhaken **26**, 26
Anophelesmücke 96
Anthropologie 67, **110**, 116, **116 f.**,119
– Paläanthropologie 8 f., 16, 112, 115
Antikörper **95**, 110
Antilope 13, 67, 69
Apfel 74
Apollo 11, Höhle **62**
Archäologie 33, **34**, 36, **41**, 42, 67, 69, **72 f.**, 76, 90, 90, 101, 103, 106, 112, **112 f.**, 114
Archbold, Richard **111**
Architektur **106 f.**
siehe auch Bauwesen
Ardipithecus ramidus **8 f.**
Arktis
– Bevölkerung 31, **48 f.**, 108 f., **120 f.**
Asien **40**
– Bevölkerung **38 f.**
– Homo erectus 10, **16**
– Homo sapiens **22 f.**, 33, 35 f., 47
– Jäger und Sammler 42
– Kunst 69, **70**, 71
– Landwirtschaft und Viehzucht **82 f.**, 87
Äthiopien **14**
– Landwirtschaft und Viehzucht 79
Aubergine 83
Aufrechter Gang 9 f., **11**, **16**
Australien
– Aborigines **32**, 108, **108 f.**, 111, 119 f.
– Homo sapiens **22 f.**, **32 f.**, **37**, 35, 47
– Jäger und Sammler 42, 108
– Kolonialisierung **32**, 109
– Kunst 59, **62**, 66, 69 f., **70**, 71
– Landwirtschaft und Viehzucht 79
Australopithecus **8**, 10, **12**, 13, **13**, 14 f., **20 f.**, 58, 112
– Hirn **12 f.**

– Nahrung **12 f.**, 13 f.
– Skelett 10
– Zähne 14
Avocado 76
Azteken 109

B
Banteng 87, 109
Bär **59**
Bathurst Inlet **120**
Baumwolle **76**
Bauwesen **99**, 104, **105**, 106, **106 f.**
siehe auch Architektur
Beil 24, **68**, **115**
– Herstellung **26 f.**
Beleuchtung 48, **57**, **88**
Beringstraße 36
Bevölkerungsentwicklung 31, 73, 51–53, 80, 92, **91–93**, 95 f., **99**, 105
Bewässerung **96 f.**, **104**, 106
Biber 56
Bismarck-Archipel
– Bevölkerung **37**
Bison **19**, 21, 48, 60, 63
Blasrohr **53**
Bogen **53**, **55**, **57**, **113**
Bohnen **76**, 77, **89**, 92
Boote **36 f.**, **57**
Borneo
– Bevölkerung **37**
Britische Inseln **84**
Bronze **102**
Büffel 87
Buschmänner **42 f.**, 51, 64, 67

C
Castellón, Höhle von **59**
Çatal Hüyük **90 f.**
Cavalli Sforza, Luigi Luca **118**
Chatham-Inseln
– Bevölkerung **37**
Chauvet, Höhle von **62**
Chiefdom 106
China 71
– Homo erectus **16**
– Homo sapiens 35, **37**
– Kunst 71
– Landwirtschaft und Viehzucht 77, **77**, **80 f.**, 83, 91 f.
Cholera 96
Chono **54 f.**
»Chopper« **15**, 16, **17**

Cook-Inseln
- Bevölkerung **37**
Cosquer, Höhle von **63**
Curare **52 f.**

D
D'Albertis, Luigi Maria **110**
Dart, Raymond 112
Darwin, Charles 6, **6**, 74, 112
Dolmen **106**
 siehe auch Grabstätten
Domestikation
- Pflanzen **36**, 72 f., **73**, 74–76, **76**, 77, **77 f.**, 79, **79**, 80, **80**, 82, **82**, 83, **83**, 84–86, **87–89**
 siehe auch Landwirtschaft, Pflanzen, essbare
- Tiere **28**, **31**, **36**, 72–76, **76**, 77, **77 f.**, 79, **79**, 80, **81**, 82, 86–88, **88 f.**, **97**, 103 f.
 siehe auch Viehzucht
Dorf 80, 90, **90**, 91, **91 f.**, 95 f.
Drogen **64**, 66, 69 f.
Dromedar **87**
Dubois, Eugène **16**, 112
Düngung 72, **74 f.**, **88**
Düsseldorf 111

E
Eibl-Eibesfeld, Irenäus 116
Elch **48**
Elefant 69
Elfenbein **26**, **29**, **66 f.**, **69**
Erbsen 76, 77 f., 82, 92
Erdzeitalter 6
Ernährung 56 f., 83 f., 86, 92, 115
 siehe auch Nahrung
- Jungsteinzeit 92, **92 f.**, 95
Esel 79, 87, **97**
Eskimos
 siehe Inuit
Ethnologie 64, 115, **117**
Europa
- Eiszeit 45 f., 48, **59**, 69, **84**
- Homo erectus **10**, **16**
- Homo sapiens 22 f., 28, 35
- Jäger und Sammler 42
- Kunst 59 f., **62**, 63 f., 66, 69
- Landwirtschaft und Viehzucht 79, **79**, **84 f.**, 108
- Neandertaler **19**
- Sprachen **40**
Evolution 6, **6 f.**, 8 f., **24**, 28, 74, 112

F
Faultier **53**, 56
Faustkeil **17**
Ferner Osten
- Landwirtschaft und Viehzucht 108
Fett **12**, 44, 52, **57**, 92
Feuer 10, **17**, 18, 22, 43, **108**
Feuerland **54 f.**
- Bevölkerung **34**, **55**
Feuerstelle 17, **114**
Fidschi-Inseln
- Bevölkerung **37**
Fischfang 26, **26**, **28**, **48**, **120**
Flachs 77, 82, 92
Flechten **98 f.**, **115**
Flöhe 96
Frau
- Jäger und Sammler **43**, 44, 51, **55 f.**, 95
- Jungsteinzeit 95
Fruchtbarer Halbmond
- Landwirtschaft und Viehzucht **78 f.**, 87, 92
Fuß **11**

G
Gazelle 13, 80, 88
Geburtenkontrolle 52
Gehirn 10, 16, 18, **20 f.**
- Neandertaler **20 f.**, 21
- Australopithecus **20 f.**
- Homo erectus 18, **20 f.**
- Homo habilis 18, **20 f.**, **59**
- Homo sapiens **20 f.**
Geier 13
Gene, Genetik 33, **35**, **38**, 39, **39**, 41, **41**, **118**
- DNS 7, **7**, 22, 39
Geologie 114
Gepard 13
Geräte 10, 13 f., **14 f.**, 16, **17**, 18, **20**, 22, 24, 26, **26 f.**, **29**, 31, 33, 35, 42 f., **43 f.**, **46**, **50**, **52 f.**, **55**, 58, **59 f.**, **72**, 73, 90, 99 f., **102 f.**, 103, 104, **108**, **115**
 siehe auch Holz, Knochen, Stein
Gerste **73**, **77**, **80**, 83, 90, 92
Gesellschaft 41 f., **42**, 43, **43**, 44, 47, 51, **51**, 54, **55–57**, **71**, 72 f., **75**, **79**, 80, **81**, 82, 90, **90**, 91 f., 95 f., 99 f., 103–106, 108, 115 f., **116 f.**, 121
Gesellschafts-Inseln
- Bevölkerung **37**

Getreide 47, **70**, 76, 84 f., 90–93, 95, **104**
- Wildgetreide **72 f.**, 80
Getreidespeicher 91, 96
Gibraltar, Meerenge von 35
Gift **52 f.**, 83
Giraffe 13, 69
Gold **102**
Gorilla 6, **9**, 87
Grabstätten 21, **68**, 106
 siehe auch Dolmen
Grippe **94**, 96
Guanako **88**

H
Hadar 112
Hadza 119
Hafer 79
Halluzinationen 64, **65**, 66
 siehe auch Trance
Halmahera
- Bevölkerung **37**
Hand 10, 13, 18
Handel 26, **91**, 96, 103, 106, 114
Handwerk **90**, 91, 98 f., **99**, 100, **100–102**, **103**, **103**, **120**
Harpunen 26, **26**, 55
Haus
 siehe Wohnung, Behausung
Hautfarbe **38 f.**, 39
Hawaii
- Bevölkerung **37**
Herrschaftsstab **26**
Hirsch 48, 60, 88, **115**
Hirse 77, **77**, **80**, 92
Holz 26, **49**, **56**, **68**, **71**
 siehe auch Geräte
Hominiden 7 f., **8**, 9, **9**, **16**, **20 f.**, 112
Homo antecessor **9**
Homo erectus **9**, 10, 16, **16 f.**, 18, **20**, 21, **21**, 22, **22 f.**, 24, 58, 112
Homo ergaster **9**
Homo habilis **9**, 10, **14 f.**, 15, 18, **20 f.**, 58, 112, 113
Homo rudolfensis **8**
Homo sapiens 6, **9**, 10, **20 f.**, 21 f., **22 f.**, 24, **24 f.**, 26, 28, **28–30**, 30 f., **31**, 32 f., 35 f., 42, 58, **63**, 112, 114, 121
Horn 26, **29**, **66 f.**, **115**
Hülsenfrüchte 92
Huhn **77**, **94**
Hund 28, 81, **86**
Hyäne **12**, 13
Hygiene 96

I

Indianer
siehe Amerika, Amazonien
Indien
– Homo erectus **16**
Indonesien
– Homo erectus **23**
– Homo sapiens **32**, 35
Industal
– Landwirtschaft 79
Inkas 109
Inuit (Eskimos) 31, **38**, **48 f.**, **120 f.**
Irak
– Anfänge der Landwirtschaft **79**
Israel
– Anfänge der Landwirtschaft **73**

J

Jagd 10, 16, 18, **19**, 21, 26, **28**, 31, 36, 42, **42**, 43, **43**, 44, **44–46**, 47, 47, 48, **48–50**, 51, **51**, 52, **52**, 53, **53**, 54, **54**, 55, **55**, 56, **56**, 57, **57**, 59, **59 f.**, 63 f., **75**, 79 f., 114, **120**
Jäger und Sammler 42, **42**, 43, **43**, 44, **44–46**, 47, **47**, 48, **48 f.**, **50**, 51, **51**, 52, **52**, 53, **53**, 54, **54**, 55, **55**, 56, **56**, 57, **57**, 72, **79**, **93**, 95 f., 105, 108, 115, **116 f.**, 121
Jangtse
– Landwirtschaft **80**
Japan
– Homo sapiens 35
– Jäger und Sammler 53
– Kunst 71
Jarmo **99**
Java **16**, 112
Jericho **104 f.**
Johannson, Donald 112
Jordanien
– Landwirtschaft und Viehzucht **73**, **79**, **104**
Jungsteinzeit 90, **90**, 91, **91**, 92, **92–94**, 95, **95**, 96, **96–98**, 99, **99**, 100, **100–102**, 103, **103**, 104, **104**, 105, **105**, 106, **106 f.**, 114

K

Kaffee **77**
Kakao **76**
Kalahari **42**, 51
– Kunst **69**
Kalender **107**
Kamel 56, 87
Karibu **48**
Karren 103 f.
Kartoffel **76**, 77, 83, **89**, 92
Kenia **14**, 112, **112**
Keramik 99 f., **100 f.**
Keuchhusten 96
Kichererbsen 77, 82
Kinder
– Jäger und Sammler **43**, 52 f., 35
– Jungsteinzeit **92 f.**, 95, **95**
Kleidung **29**, 31, 36, 43, **90**, **115**, **120**
Klima **29**, 30, 35, **38 f.**, **55**, **73**, **80**, 83
– Eiszeit **19**, 21, **28**, 32, **33**, **35**, **45 f.**, 48, 55, 60, **60**, 63, 108, **108**
– Veränderung 13, 32, 55, **48**
– Wärmeperioden 32, **34**, 36
Klingen 26, **26 f.**
Knochen 26, **29**, **50**, **62**, **66**, **69**, **90**, 115
Koka **76**
Kolonialisierung 32, 108, **108**, 109, **109**, 110, **110**, 111
Kolumbus, Christopherus 109, 111
Körbe **98**
Korea
– Kunst 71
Körpergröße 47
Krankheit 21, 47 f., 92, **94**, 95, **95**, 96, 110 f., 115
Kratzer 24, **26**
Krieg 104
Kultur 24, **24 f.**, 28, 39, 41, 58 f. 111, 115 f., 119–121
Kunst 7, 58, **58**, 59, **59**, 60, **60–62**, 63, **63**, 64, **65**, 66, **66**, 67, **67 f.**, 69, **69**, 70 f.
– didaktische Bedeutung 71
– Gravierungen 60 f., **68**, 69–71
– Körperverzierung, Tätowierung 21, **70 f.**
– Skulptur **62**, **66 f.**
  – Elfenbein **66 f.**
  – Horn **66 f.**
  – Knochen **66**
  – Mädchen von Brassempouy **67**
  – Stein **66 f.**
  – Venus von Lespugue **66**
  – Venus von Willendorf **66**
  – »Venus«-Statuetten **66**, 69
– Verzierung 64, **67**, **100 f.**
– Wandmalereien **58 f.**, 60, **60–62**, 63, **63**, 64, **65**, 66 f., 69 f.

Kupfer **91**, 99 f., **102**, 103, **103**, **115**
Kupferzeit **103**
Kürbis **76**, **89**

L

Lachs **48**, 53, **57**
Laetoli, Fußspuren von **11**, 112
Lager 18, 31, 33, **33**, 36, 42, **42**, 48
Lama **76 f.**, 87 f., **88 f.**
Landwirtschaft **31**, **36**, 41, 47 f., **52**, 72, **72**, 73, **73**, 74 f., **75**, 76, **76**, 77, **77**, 78, **78**, 79, **79**, 80, **80**, 81, **81**, 82, **82**, 83, **83**, 84, **84**, 85, **85**, 87, 90–95, **104**
siehe auch Viehzucht, Pflanzen, essbare, Domestikation
– Anfänge 79, 91 f., **108 f.**
– Entwicklung **96 f.**
– Geräte 73, 90
– Machiguenga **74 f.**
– Techniken **84**
Lanze 26, **26**, 44, 46
Lascaux, Höhle von 60, **60 f.**
Läuse 96
Leakey, Louis 112, **112**
Leakey, Mary **11**, 112, **112**
Leakey, Richard 112, **112**
Lebensalter 47, 51, **93**, 115
Leder, Fell **29**, 48, **50**, **55**, 71, **115**
Leguan **53**
Libanon
– Landwirtschaft **73**
Linsen **77**, 82, 92
Literatur 7
Löwe 13, 60
»Lucy« 112

M

Mais **76**, 77, **88 f.**
Malakka
– Bevölkerung **37**
Malaria 96
Malinowski, Bronislaw 116, **116 f.**
Mammut **19**, 21, **29**, **46**, 56, 60, **62**
Mandel 83
Maniok **75–77**
Maori **71**
Marmor **91**
Marquesas-Inseln
– Bevölkerung **37**
Masern 96
Matten **99**
Maus **73**, 96
Mead, Margaret 116

Megalith **106**
Mehl 91
Menhir **106**
Metall 114
 - Verarbeitung 100, **100**, 102
Mexiko
 - Landwirtschaft und Viehzucht 76, 77, **88**
 - Rad 103
Mikronesien
 - Bevölkerung **37**
Milch 72, **93**, 95, **97**
Militärwesen 99, 104, 106
Mithan 87
Mitochondrien 22
Mittelmeer **79**
Molekularbiologie 112 f.
Monte Verde 36
Mufflon **77**
Mühlstein **72**, 91
Musik **65**
Mythologie 60, 62–64, 66 f., 115 f., **116**
 siehe auch Religion

N
Nähnadeln 26
Nahrung 12–14, **14**, 16, **17**, 18, **25**, 31, 36, 43, **43**, 44, 47 f., **48**, 51, 53, 55, **56**, 57, **57**, **72 f.**, 79 f., 82, 91 f., **92**, 95 f., **98**, 99, 105
 siehe auch Ernährung
Nashorn **19**, 21, 60
Natufienkultur **73**
Neandertal 111
Neandertaler **9**, 18, **19 f.**, 21, **21**, 22, 24, 35
Negritos 119
Neuguinea **116**
 - Eingeborene
 - Homo sapiens 35
 - Kolonialisierung **110 f.**
 - Kunst **70**
Neuropsychologie 64, 66
Neuseeland **71**
 - Bevölkerung 36, **37**
 - Kolonialisierung 109
Nilmeter **97**
Niltal 38
 - Bevölkerung **38**
 - Landwirtschaft **96 f.**
Nomadentum 31, **31**, 32, 42, 51 f., 73, 80, 90, 95, 105

O
Obsidian **91**
Öfen 100, **100**, 103
Ökotourismus **120**
Olduvai **14**, 112, **113**
Olive 92
Osterinsel **69**
 - Bevölkerung **37**
 - Kunst **69**
Ötzi **114 f.**
Ozeanien
 - Bevölkerung 36, **36 f.**, **39**, 111
 - chiefdom 106
 - Kolonialisierung 110
 - Kunst 70
 - Sprachen **40**

P
Palme 79
Parasiten 96
Perlhuhn 79
Pest 96
Pfefferschote **89**
Pfeil 26, **26**, **52 f.**, **55**, 59 f., 115
Pferd **19**, 48, 60, 63, **77**, 87 f., 103
Pflanzen, essbare **28**, 31, **31**, 43, **43**, 44, 51, 52
 siehe auch Domestikation
Pflug 73
Philippinen
 - Bevölkerung **37**
 - Kolonialisierung 109
 - Ureinwohner 119
Pitcairn **37**
Pitecanthropus erectus **16**, 112
Pocken 96, 111
Pollen **113**, 114
Polynesien
 siehe Ozeanien
Polynesier **39**, **116 f.**
Primaten 6, **6 f.**, 13
Protein **12**, 44, 51, **78**, 92, 95
Pygmäen 38, 118, **119**

Q
Quinoa **76**

R
Rad 103
Radiokarbonmethode 114
Raubtiere **12**, 13–15
Reiche der Antike 80
Reis 77, **77**, **79**, **82 f.**

Religion **59**, 60, **60**, 63 f., **68**, 70 f., 99, **107**, 116
 siehe auch Mythologie
Rentier **19**, **44 f.**, 48, **59**, 60, 63, **67**, 87
Rift Valley **10**
Rind 74, **77**, 87, **87**
Russland
 - Kunst 59
Rübe 92

S
Säbelzahntiger 56
Sahara 32, 79, **86 f.**, 96
 - Kunst 69 f.
 - Seen **86**
Sahel
 - Landwirtschaft und Viehzucht 79, **86**
Salomon-Inseln **37**
Salz **104**
Sammeln von Nahrung 42 f., **42 f.**, 44, 51, **55 f.**, **75**, 79, 90, 108
Samoa 116
 - Bevölkerung **37**
Santa-Cruz-Inseln
 - Bevölkerung **35**
Säugetiere, große
 - Aussterben **46 f.**, 56 f.
Savanne 11, **11**, 12 f., 30, 32 f., 69, **87**
Schädel 15, **19 f.**, 18, 22, **23**, 24
Schaf 74, 77, **77 f.**, 87
Schakal 12, 13
Schamanen 64, **64 f.**
Schimpanse 6 f., 9, **9**, 15, **25**
Schleuder **26**, 44, **67**
Schmelzverfahren 103, **103**
Schmuck **29**, **69**, 106
Schrift 28, 69, 80
Schwarzes Meer **79**
Schwein **77**, **81**, 87, **94**, 96
Schweißdrüsen **20**
Seefahrt **32**, 34, **36 f.**, **39**, **55**, **57**
Seehund **48**, **57**
Seile **99**
Selektion 74 f., 84
Sesam 92
Sesshaftigkeit **56 f.**, 73, 80, 82, 90–92, 95, 103
Sibirien
 - Erschließung 109
 - Homo sapiens 36
 - Jäger und Sammler 53
 - Kunst **62**, 69
Sichel 90

Similaungletscher **114**
Simon, Erika **114**
Simon, Helmut **114**
Sippe 29, 104 f.
Skandinavien
– Bevölkerung **38**
– Landwirtschaft **84**
Sklaverei **70**, 111
Soja **77**, 92
Sonnenblume **76**, 77
Spanien
– Landwirtschaft **84**
Spielzeug 103
Spitzen 24, 26, **26**, **46**, 114, **115**
Sprache 7, 18, **24 f.**, 26, **32**, 33, **35**, **40**, 41, **41**, **51**, **110**, 115 f.,120
Staat, Politik 54, 99, 104, 106, 108, 116, **117**
Stamm 105 f., **117**
Stechkeil **26**
Stein **17**, 26, **91**, **115**
  siehe auch Geräte
– Bearbeitung **68**, 99 f., **103**, 114
Steppe 48, 55
Steuern 104–106
Stier 60
Stillen 52
Stimme **25**
Stonehenge **106 f.**
Suez, Landenge von 33
Sumatra
– Bevölkerung **37**
Syrien
– Dorf 90
– Landwirtschaft **73**, **79**

T
Tabak **76**
Taiwan
– Bevölkerung **37**
Tansania **11**, **14**, 112, **112**
– Eingeborene 119
Tasmanien **108 f.**
– Eingeborene **108 f.**
Tätowierung
  siehe Kunst
Technologie 7, 24, **26 f.**, 35, 39, 90, **98**, 99, **99**, 100, **100–102**, 103, **103**, 104, 114

Tempel 106, **106**
Teosinte **88**
Thailand 35
Thermoluminszenz 114
Tomate **76**
Tonga-Inseln
– Bevölkerung 37
Töpferscheibe 100, **101**, 103
Totes Meer **104**
Trance 64, **64**, 65, **65**
  siehe auch Halluzinationen
Transportmittel 77, **88**, **97**, 103 f., **120**
Trobriand-Inseln 116, **116 f.**
Truthahn **76**, 77
Tschadsee **86**
Tuamotu-Archipel **37**
Tuberkolose 96
Tundra 22, 45, 108
Turkanasee 112
Türkei
– Landwirtschaft **79**
Türkis **91**
Typhus 96

U
Überreste 8, **8 f.**, **16**, 35, 114, **114 f.**
Uluru **32**

V
Veredelung von Pflanzen 83
Verhaltenslehre 116
Viehzucht 41, 72–76, **76**, 77, **77**, 78, **78**, 79, **79**, 81, **81**, 82–84, **84**, 85, **85**, 86, **86**, 87, **87**, 88, **88 f.**, 90, 96, 108
  siehe auch Landwirtschaft, Pflanzen, essbare, Domestikation
Vietnam
– Bevölkerung **37**
Vikunja 88
Viren **94**, 96
Vitamine **40**, 44
Vorderer Orient
– Dorf 90 f.
– Eiszeit 55
– Homo sapiens 33, 35
– Keramik **101**

– Kunst 71
– Landwirtschaft und Viehzucht **73**, 76 f., 80, **81**, 82, **84**
– Neandertaler 21
– Reiche, antike 80
– Schrift 80
– Stadt 80
Vulkan **10 f.**

W
Waffen **43 f.**, **46**, **52**, 53, 104, **115**
Wal **56 f.**
Wald **10**, 13, 22, 33, **38**, 48, **52 f.**, 56, **57**, **75**, **82**, **86**, **118**, 119
Walross **48**
Wanderung **22**, **23**, **29**, 30, **30**, 31, **31**, 32, **32**, 33, **33**, 35, **35**, 36, **36 f.**, **41**, 108 f.
Wassermelone 84
Weiden **89**
Weizen **77**, **78**, **83**
Werkzeug
  siehe Geräte
Wohnung, Behausung 48, **48**, **50**, **55 f.**, **62**, **90**, 91
– Homo sapiens **28**
Wolle 77, **77**, **89**

Y
Yak **87**
Yamswurzel 79, **117**

Z
Zähne 14–16, 47
Zaire **11**
Zebra 13, 88
Zeder **56**
Ziege 77, **77**, 87
Ziegelsteine **90**, 91, 100
Zinn **102**
Zugvögel **94**
Zweikorn **73**

Bildnachweis

Die Illustrationen in diesem Band wurden vom Verlag DoGi S.p.a., Florenz in Auftrag gegeben, der auch die Rechte daran hält.

ILLUSTRATIONEN:
Archiv DoGi: 46f.; Alessandro Bartolozzi: 38f. (Karte), 76f. (Karte); Luciano Crovato u. Gianni Mazzoleni: 12or, 13or u. oM, 15o, 36f., 72; Luisa Della Porta: 48-51, 64f., 68f., 84f., 94f., 110f.; Gian Paolo Faleschini: 13ol, 19ol, 20o, 23, 26, 62ol u. u, 63o; Inklink Firenze (Daniela Astone, Alain Bressan, Milli Vanni): 6-9, 22f., 34f., 38f., 42f., 76f., 88ul, 102f., 106f., 116-119; Alessandro Menchi: 28f., 44f., 52f., 58f., 104f., 112-115, 120f., Francesco Petracchi: 11or, 19or, 21, 25ol u. or; Sandro Rabatti: 34o, 46; Andrea Ricciardi: 90f., 104f.; Daniela Sarcina: 17u, 20u.; Sergio: 10-19, 24-27, 30-33, 54-57, 60f., 82f., 96f., 115; Sudio Caba (Matteo Chesi, Sacha Madarena, Luca Magi, Sara Lombardi, Beattrice Palloni): 70-75, 78-81, 86-89, 92f., 98-101.

REPRODUKTIONEN UND DOKUMENTE:
Der Verlag DoGi hat sich bemüht, eventuelle Rechte Dritter ausfindig zu machen. Im Falle von Auslassungen oder Fehlern entschuldigt sich der Verlag und erklärt sich bereit, eventuelle Änderungen in weiteren Auflagen einzufügen.
Archiv DoGi: 11ol, 62or, 62Ml, 62ur, 63u, 69o, 90, 106, 108; Collection Photothèque du Musée de l'Homme, Paris/D. Destable: 66l u. r, 67u u. or; The Image Bank, Rom/Paul Mac Cormick: 45; Museum der Ermitage, Sankt Petersburg/Sise Brimberg: 29; Museum von Brünn, Mähren: 67ol; Regionalmuseum von Vratsa, Bulgarien: 100; Massimo Novarin u. Roberto Peschitz: 32o u. u, 62ol.

COMPUTER-BEARBEITUNGEN:
Sansai Zappini: 6-9, 22F., 30, 37, 40F., 62F., 79, 86, 107O.

ABKÜRZUNGEN:
o= oben, u = unten,
r = rechts, l = links, M = Mitte,
f = und folgende Seite

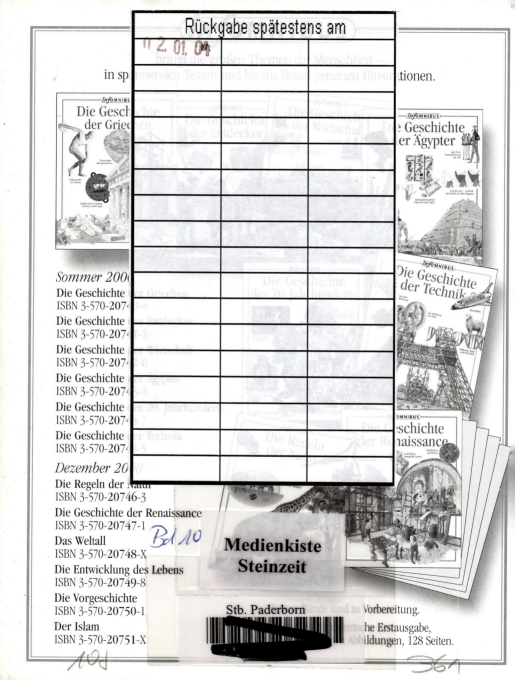

in spannenden Texten und bis ins Detail genauen Illustrationen.

Sommer 2000

Die Geschichte der Griechen
ISBN 3-570-20744-4

Die Geschichte der Entdecker
ISBN 3-570-20742-2

Die Geschichte der Wirtschaft
ISBN 3-570-20743-0

Die Geschichte der Ägypter
ISBN 3-570-20745-9

Die Geschichte des 20. Jahrhunderts
ISBN 3-570-20741-7

Die Geschichte der Technik
ISBN 3-570-20740-5

Dezember 2000

Die Regeln der Natur
ISBN 3-570-20746-3

Die Geschichte der Renaissance
ISBN 3-570-20747-1

Das Weltall
ISBN 3-570-20748-X

Die Entwicklung des Lebens
ISBN 3-570-20749-8

Die Vorgeschichte
ISBN 3-570-20750-1

Der Islam
ISBN 3-570-20751-X

Medienkiste Steinzeit

Stb. Paderborn